Haz que suceda

Leonel "Leopi" Castellanos

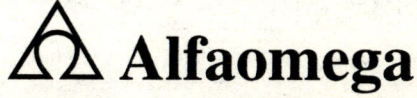

Alfaomega

Buenos Aires • Bogotá • Ciudad de México • Santiago de Chile

Director Editorial
Marcelo Grillo Giannetto
mgrillo@alfaomega.com.mx

Jefe de Ediciones
Francisco Javier Rodríguez Cruz
jrodriguez@alfaomega.com.mx

Datos catalográficos

Castellanos, Leonel
Haz que suceda
Primera Edición

Alfaomega Grupo Editor, S.A. de C.V. México

ISBN: 978-607-622-999-6

Formato: 17 x 23 cm   Páginas: 224

Haz que suceda
Leonel Castellanos
Derechos reservados © Alfaomega Grupo Editor, S.A. de C.V., México

Primera edición: Alfaomega Grupo Editor, México, agosto 2017
    Primera reimpresión: Alfaomega Grupo Editor, México, septiembre 2017
© **2017 Alfaomega Grupo Editor, S.A. de C.V. México**
Dr. Isidoro Olvera (Eje 2 sur) No. 74, Col. Doctores, C.P. 06720, Cuauhtémoc, Ciudad de México

Miembro de la Cámara Nacional de la Industria Editorial Mexicana
Registro No. 2317

Pág. Web: http://www.alfaomega.com.mx
E-mail: atencionalcliente@alfaomega.com.mx

ISBN: 978-607-622-999-6

Derechos reservados:
Esta obra es propiedad intelectual de su autor y los derechos de publicación en lengua española han sido legalmente transferidos al editor. Prohibida su reproducción parcial o total por cualquier medio sin permiso por escrito del propietario de los derechos del copyright.

Nota importante:
La información contenida en esta obra tiene un fin exclusivamente didáctico y, por lo tanto, no está previsto su aprovechamiento profesional o industrial. Las indicaciones técnicas y programas incluidos han sido elaborados con gran cuidado por el autor y reproducidos bajo estrictas normas de control. ALFAOMEGA GRUPO EDITOR, S.A. de C.V. no será jurídicamente responsable por: errores u omisiones; daños y perjuicios que se pudieran atribuir al uso de la información comprendida en este libro, ni por la utilización indebida que pudiera dársele. Los nombres comerciales que aparecen en este libro son marcas registradas de sus propietarios y se mencionan únicamente con fines didácticos, por lo que ALFAOMEGA GRUPO EDITOR, S.A. de C.V. no asume ninguna responsabilidad por el uso que se dé a esta información, ya que no infringe ningún derecho de registro de marca. Los datos de los ejemplos y pantallas son ficticios, a no ser que se especifique lo contrario.

Edición autorizada para venta en todo el mundo.

Impreso en México. Printed in Mexico.

Empresas del grupo:

México: Alfaomega Grupo Editor, S.A. de C.V. – Dr. Isidoro Olvera (Eje 2 sur) No. 74, Col. Doctores, C.P. 06720, Del. Cuauhtémoc, Ciudad de México – Tel.: (52-55) 5575-5022 – Fax: (52-55) 5575-2420 / 2490.
Sin costo: 01-800-020-4396 – E-mail: atencionalcliente@alfaomega.com.mx

Colombia: Alfaomega Colombiana S.A. – Calle 62 No. 20-46, Barrio San Luis, Bogotá, Colombia,
Tels.: (57-1) 746 0102 / 210 0415 – E-mail: cliente@alfaomega.com.co

Chile: Alfaomega Grupo Editor, S.A. – Av. Providencia 1443. Oficina 24, Santiago, Chile
Tel.: (56-2) 2235-4248 – Fax: (56-2) 2235-5786 – E-mail: agechile@alfaomega.cl

Argentina: Alfaomega Grupo Editor Argentino, S.A. – Av. Córdoba 1215, piso 10, CP: 1055, Buenos Aires, Argentina, – Tel./Fax: (54-11) 4811-0887 y 4811 7183 – E-mail: ventas@alfaomegaeditor.com.ar

el efecto leopi
HAZ QUE SUCEDA

Cuenta la leyenda que si fotocopias, te robas o haces copias ilegales de esta obra, perderás tu pelo, tus dientes frontales, engordarás, perderás la libido, tendrás mal aliento, mal sexo, mala suerte, mala fama, malacopa, perderás tu dinero y te convertirás en un@ acumulador@ pedorro@ con 20 gatos en el sótano de casa de… tu mamá.

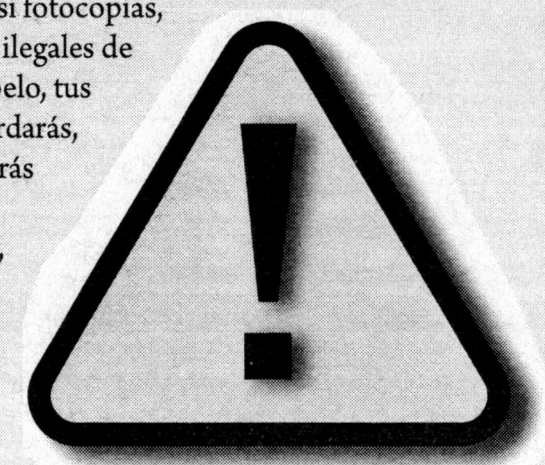

Quedan prohibidos, dentro de los límites establecidos en la ley y bajo los apercibimientos legalmente previstos, la reproducción parcial o total de esta obra por cualquier medio o procedimiento, ya sea electrónico o mecánico, el tratamiento informático, el alquiler o cualquier otra forma de cesión de la obra sin la autorización previa y por escrito de los titulares del copyright.

www.elefectoleopi.com
Tw: @elefectoleopi
FB: /elefectoleopi
leopi@elefectoleopi.com

Gracias

A La Gordis y a mi Chief

A Chobi

A Gabe, Pam, Owen, Marts, Naxos y Trufa Jake, Tony, Chuchi y Los Leftovers

A Jessie Cervantes, Martha Debayle, Olivia Peralta, Pilar Preza, Chili Yola, Angela, Naty, Esme, Adry, Fam. Salinas, Capitán, Marce, Nacho, George, Chofas, Dea, Richard, John, Karina Chio, Alexandra, Paty, Noemi, Cuauhtli, Bárbara, Dinorah, Xeng Li, Escobita, Compita, Yazmin, Heidy, Ávila Boys, todos en Cosmos, Alfaomega, Maribel, Vero, Vilchis, Jenny, Nayat, María, Peter, Mary, y Tortu

y a ti por leerme y creer...

Para Mile. Buen viaje, parce

Acerca del autor

¡Hola! Me dicen Leopi y no me vas a creer cuando leas esto... pero es cierto.

¿Viste la película *Hitch* con Will Smith?

Ése es mi trabajo... y mi pasión.

Literalmente me dedico a enseñar y a entrenar gente para aprender a conquistar a una pareja.

Llevo años dedicándome a investigar cómo convertirme, y ahora convertirte a ti, en la persona más carismática, atractiva, divertida y segura de sí misma, y así puedas conquistar a la persona que quieras.

No importa si eres hombre, mujer, gay, hetero, joven, viejo, feo, pobre, gorda, enano, me da igual. Yo sé cómo hacer que cambie tu cerebro, tu actitud, tu lenguaje no verbal, tu seguridad, y empieces a hacer que la gente voltee a verte, hasta que la persona que tú quieras se enamore de ti.

¿Quieres mi currículum oficial?:

Veinte años de experiencia e investigación en cursos de persuasión, carisma, atracción, y PNL, he trabajado con gente de la talla de Richard Bandler (cocreador de la Programación Neurolingüística), tengo miles de horas de experiencia e investigación de campo en estos temas y los he puesto a prueba en mí mismo y en otras personas en Ecuador, México, Irlanda, Montecarlo, España, Colombia, Estados Unidos, Venezuela, etc. He trabajado en cursos como Genious Enhancement, Business Magic, Design Human Engineering, Neuro-Hypnotic Repatterning, Charisma Bootcamp, etc., y ha ayudado a miles de personas alrededor del mundo... de hecho he ido a muchas bodas de personas que llegaron a decirme a mí que llevaban décadas solos.

He escrito dos libros acerca de esto, uno para hombres y otro para mujeres, y doy asesorías personales por todo el planeta, literal como "Hitch". Tengo un programa de tele llamado "Sexo, amor y cachondeo", y soy especialista en infinidad de programas de radio, tele y publicaciones.

Hay más, pero suficiente acerca de mí, ahora vamos a ti.

Contenido

Prólogo
1

Sección cósmica

Capítulo 1. Cámbiate el chip / desprográmate o "ya deja de hacer lo que los demás dijeron"
3

Capítulo 2. *Life coaching* con PNL. Ya se puso buena la cosa
19

Capítulo 3. Herramientas avanzadas (del año 3000)
35

Capítulo 4. Lo que no habías pensado
51

Capítulo 5. Carisma irlandés por Owen Fitzpatrick
67

Sección de pareja

Capítulo 6. Álvaro Bonilla, Naxos. ¿Y si mi objetivo tiene novia?
75

Capítulo 7. Redes sociales 2.0
87

Capítulo 8. Prevención y resolución de conflictos con tu pareja
95

Capítulo 9. El Instructivo, El Contrato, Los Matripuntos y La Disculpa
111

Capítulo 10. Sobrevive a un truene
135

Sección cómico-mágica-musical

Capítulo 11. La maga del lenguaje persuasivo, Pamela Jean
149

Capítulo 12. "eL efecto Leopi"© para los negocios
163

Capítulo 13. Los Leftovers
175

Capítulo 14. Haz que suceda
189

Prólogo

¡Chiquilines! eL Leopi, su servidor y amigo, está de regreso; digamos amen, con acento en la "A".

Éste es mi tercer libro, así es, increíble pero cierto, por eso, una vez más, quiero mandar un saludo a mi maestra de español de secundaria que pretendía expulsarme de la escuela por usar *piercings*. IN YOUR FACE, SISTAH.

Bueno, ya pasadas las formalidades y las añoranzas, entremos en calor. No están ustedes para saberlo pero "eL efecto Leopi"© comenzó formalmente en 2011, y ahora estamos en el 2017 y en todo ese tiempo me han pasado infinidad de cosas que creo que pueden aportar a tu vida, sea que estés en busca del amor o ya lo hayas encontrado, te conviene leerme.

Una de las cosas más locas pero positivas y productivas que me han pasado (para mi economía pero también en tu beneficio) ha sido que "eL efecto Leopi"© se convierta en una empresa que genera. Si ya me has leído, recordarás que una de las metáforas más útiles que utilizamos en "eL efecto Leopi"© es el pensar como una empresa; así que en uno de los capítulos de este libro veremos cómo aplicar la ya tan usada metáfora, pero ahora en su versión literal, usar "eL efecto Leopi"© para generar dinero, *dineruus harbanuuus, dineruuus* (léase con acento árabe).

También sé que algunos de ustedes han utilizado el arsenal de técnicas que abordamos en los libros anteriores, para generarse una "unidad", pareja, freno de mano, amigos, amigovio, novi@, espos@, mareado, brujer, o lo que sea que estabas buscando. Si es así, este libro te servirá mucho para que eso que conseguiste, se mantenga, dure y no se descomponga, ni se pudra tu relación o tu pareja. Parafraseando a quién sabe quién: "Lo fácil es llegar, lo difícil es... no cagarla".

En estos años de investigación y comprobación de teorías para conquistar humanos, aprendí muchas cosas que te compartiré en este libro; encontré otras diseñadas y escritas por amigos que se dedican a la Programación Neurolingüística (PNL) y otras cosas muy útiles, usando herramientas de PNL, psicología, genética, *stand up comedy*; también trucos de lenguaje, lenguaje no verbal, empatía, imagen y conversación asertiva, el *coaching* con PNL y las herramientas del entrenamiento para entrenadores cortesía del mismísimo creador de PNL, Richard Bandler y, por si fuera poco, agreguemos que te diré cómo aplicar las combinaciones de todas las herramientas enlistadas, ya en contexto. De nada.

Pero además —y como siempre— ¡tenemos invitados internacionales espectaculares! De México, la maga del lenguaje persuasivo, Pamela Jean; de Irlanda, el rey del carisma, Owen Fitzpatrick; de Colombia, el maestro de la seducción, Álvaro Naxos; y aunque usted no lo crea, mi señor padre, el doctor Guillermo Castellanos. Además, tuvimos la participación de asesores invaluables en la sección de negocios para hacer plata: Jesús Fares, Jacobo Duek y Tony Gebara. ¿Este libro es oro molido, o qué? Si todavía no te convences, checa; si decidieras buscar a cada uno de estos *gurús* por separado, la cantidad que necesitarías desembolsar tendría varios ceros, ¡por cada uno!... y yo te los junté a todos en este libro, por un precio de risa... ¡Ámame!

Este libro, en combinación con los demás productos de "eL efecto Leopi"© harán que a partir de ya, tú siempre hagas que las cosas sucedan.

Haz que suceda.

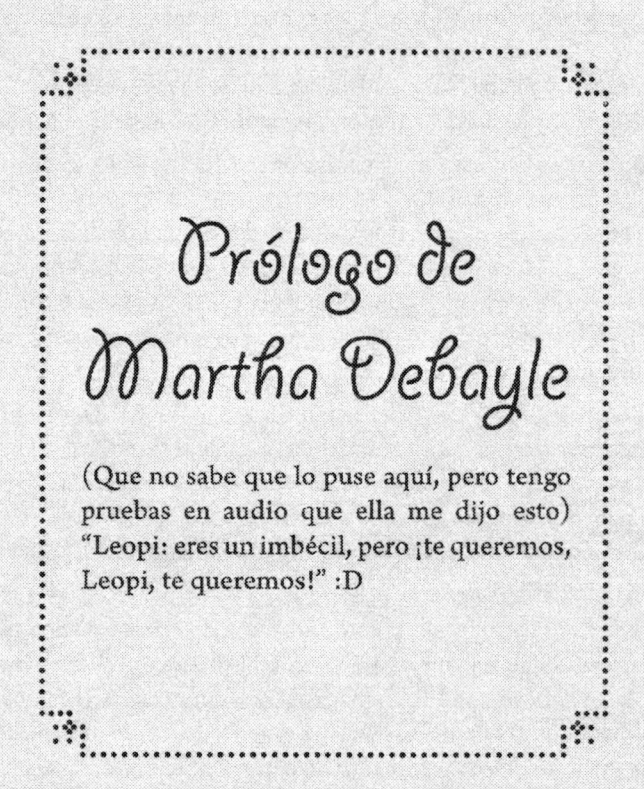

Prólogo de Martha Debayle

(Que no sabe que lo puse aquí, pero tengo pruebas en audio que ella me dijo esto)
"Leopi: eres un imbécil, pero ¡te queremos, Leopi, te queremos!" :D

1

Cámbiate el chip/ desprográmate

o *"ya deja de hacer lo que los demás dijeron"*

Cámbiate el chip/desprográmate

Naces, te programan, obedeces, te dan en la madre, te das cuenta de que la programación no era la correcta, tratas de cambiarlo, sientes que ya es demasiado tarde, te das topes en la pared pensando "¿por qué no lo hice antes?", vives unos años más y mueres.

Ok, ok, ya sé, está muy trágico mi ejemplo, pero ¿a poco no se asemeja a la realidad? ¿Cuántas cosas haces y crees hoy en día, sólo porque te las dijo una figura de autoridad cuando estabas en etapa de aprendizaje? ¿Cuántas de esas cosas son correctas? ¿Cuántas son congruentes con lo que sientes? ¿Cuántas son congruentes con la época en la que estamos viviendo? Te voy a contar lo que pasó.

Tus abuelitos se conocieron (por obra y gracia del espíritu santo en 1935). En aquel entonces había mucho menos gente, no había redes sociales, el matrimonio era la regla y no la excepción, no había tanto miedo al compromiso por parte de los hombres y había una sola televisión en el pueblo. Resultado: se juntaron, se casaron y procrearon a tu mamá y a un ejército de hermanos en 1940 —perdón por la imagen de tus abuelitos *kamasútricos*—.

Mamá creció, y la juntaron con chicas con el mismo entrenamiento que ella tenía, y le fueron inculcando los valores de la época (1940-1955). Le programaron cosas como modales, educación, cómo vestirse, cómo actuar con un hombre, a qué edad casarse, qué cosas buscaba un hombre en una mujer, etc., y gran parte de esas ideas iban seriamente modificadas por la religión, costumbres, sociedad, el *Manual de Carreño*, etc., pero sobre todo por género, porque a fin de cuentas jugamos roles diferentes en la sociedad.

A las chicas se les enseñaban cosas para que eventualmente se casaran y para protegerlas. A los hombres se nos enseñaban cosas para generar riquezas y tener mujeres, en plural, *yup*, ya vamos mal desde allí.

Después tu papá y tu mamá se conocieron en una fiesta en 1969 (época llena de experimentación, libertad, amor y paz, drogas y loqueras) y ¡pum! se juntaron una noche los tres; sí, mamá, papá y Don Julio (el del tequila) y naciste tú: 1975 o más p'acá. Mamá y Papá procedieron a hacer la tarea que se les programó, te inculcaron las ideas que ya traían de los abuelos, más las de la época (los 70 u 80).

Conforme fuiste creciendo, te juntaron con los primitos o primitas (de tu mismo género), después tuviste amiguitos (igual, del mismo género) y luego, tal vez, hasta estuviste en una escuela de puros hombres o puras mujeres para prepararte para la vida… que es mixta —claro, es completamente lógico—. Además, esto sucedía en la escuela, donde a individuos completamente diferentes, con capacidades diferentes, se les enseñaba lo mismo, una vez más, diseñado por quién sabe quién que, por lo visto, no se llamaba Justo.

Sumémosle que, en tu inocencia infantil y en tu adolescencia confusa, creíste lo que dijo la tele, Chabelo, las revistas, tus profes y todas tus amigas y amigos. Escogiste una carrera (básicamente a lo que te vas a dedicar toda tu vida), cuando tenías el grado de madurez de un *springbreaker*; te rompieron el corazón cuando todavía no sabías como escribir "corazón" y además pensabas que nunca encontrarías a alguien como aquella güerita que te bateó en la fiesta de primero de secundaria (entra "My heart will go on" de Celine Dion).

IGUALDAD NO SIGNIFICA JUSTICIA

Igualdad   Justicia

Prosigo. Cuando ibas en la escuela seguías usando un sistema educativo que se inventó hace décadas, completamente obsoleto y seriamente afectado por intereses de Mr. quién sabe quién. No, no estoy siendo trágico ni subversivo, seamos completamente lógicos. ¿Cuáles crees que son las cinco cosas más importantes que uno debería de saber hacer en la vida? ¿Para qué tienes talento? ¿Qué te apasiona? ¿Te sirvió de algo el binomio perfecto al cuadrado?

Cuántas veces te has preguntado lo siguiente: ¿Por qué nadie me enseñó esto antes? ¿No te hubiera encantado una clase de cómo relacionarse? ¿Una de cómo funciona el sexo opuesto? ¿Una de cómo hacer dinero? Sip. A mí también. Sin embargo tuve que soplarme cuántas veces se le ocurrió ser presidente a Santa Anna.

Capítulo 1 • Cámbiate el chip/desprográmate

"Para una selección justa, todos deberán realizar el mismo ejercicio, por favor, escalen ese árbol".

SISTEMA EDUCATIVO
perfectamente bien diseñado

Bueno querid@, así fue como tu cerebro se convirtió en lo que es hoy, sin contar posibles traumas por divorcios de papás, rechazos infantiles, no pertenecer a grupos, *bullying*, miedo a la oscuridad, mordidas de perros, caídas de bicicletas, abusos de mayores, cuando se murió el Sr. Vitalis en la caricatura de Remy, o el desenlace de la novela *Quinceañera*.

Así fuiste programado. PUM (entra música como de "The Matrix").

Si te fijas, casi todo lo que se metió en tu disco duro fue por decisión y obra de agentes externos que fueron explicados y acomodados en momentos diferentes al actual, por personas con criterios diferentes, o personas no expertas en el tema que te enseñaron, y esas enseñanzas fueron además afectadas por cosas para las que no estabas preparad@ o eran difíciles de entender por tu edad y por tu grado de madurez.

Y… ¿Qué crees? Que todo esto se refleja en un porcentaje gigantesco en todo lo que eres y en todo lo que haces hoy, sí, TODO.

Si eres celos@, si eres insegur@, si tienes miedo al rechazo, miedo al abandono, si eres platicador@ y extrovertid@, si eres una persona decidida, si eres romántic@ y detallista, y a veces hasta el éxito que puedas llegar a tener en algo, todo fue afectado por la programación.

Bueno, por si todo esto fuera poco, además ahora la programación está de moda. Hoy en día se realiza por medio de la frase célebre publicada en las redes sociales, o el artículo u opinión de alguien en éstas mismas. Ejemplos clásicos.

☞ *"Para poder conquistar a alguien sólo necesitas ser tú mismo".*
NOOOOO

¿Qué tal si tu "tú mismo" es de hueva?, ¿aburrido?, ¿sin valores agregados?, ¿tímid@? Pues de nada te va a servir ser tú mismo si no hablas con nadie, si vas a estar encerrad@ en tu casa, si cuando sales no haces algo por conocer gente, o si cada vez que abres la boca, la gente desea que no lo hubieras hecho. O sea, ese fue un mal consejo que tomaste como cierto, porque suena poético y porque lo publicó alguien cuya realidad de programación y cuya vida es ¡totalmente diferente a la tuya!

☞ *"Cuando dejes de buscar a 'esa pareja', va a llegar".*
TAMPOCOOOOO

Eso aplicaba cuando no había tanto caos en este mundo; tengo cientos de clientes que creyeron en esa frase y esperaron a que llegara alguien por una década, les di asesoría personal, salieron a buscar, a hacer que sucediera, usaron una estrategia y ahora, en menos de un año, están felizmente casados. A ver, hagamos una analogía; si pierdes las llaves y no las buscas ¿qué va a pasar?, ¿van a llegar a ti?, duh.

☞ *"Si dos personas están destinadas a estar juntas, el universo conspirará para...".*
Ni siquiera la voy a terminar.
NO ES CIERTO

Lo que hace que las cosas sucedan es que tú hagas que sucedan. Que tengas estrategia, dedicación, ganas, paciencia, ayuda, motivación y que con todo tu corazón y con toda tu alma y sobre todo con ACCIONES, HAGAS QUE SUCEDAN.

☞ *"A las mujeres no hay que entenderlas, hay que amarlas".*

Válgame Dios, ésta sí está terrible. ¿Cuántas peleas, separaciones, divorcios, malos entendidos y hasta agresiones psicológicas o físicas creen que hayan sucedido porque un hombre no entendió lo que una mujer quiso decir, o no entendió algo que hizo? ¡Debería de ser una clase reglamentaria en la escuela! Clase del cerebro masculino para mujeres y clase del cerebro femenino para hombres.

Superchale y maldita maldición.

Ok, ok, ya estoy bien; respira Leopi, calma, todo va a estar bien...

Ahí van otros ejemplos:

☞ Todos los hombres son unos cab...
No es cierto; hay peores.

☞ La gente no cambia.
¿Tú eres igual que en la prepa?

☞ Ya estoy muy grande para aprender.
Tengo un alumno de piano de 61 años de edad que empezó apenas hace un año y hoy toca muy bien.

☞ Más vale malo conocido que bueno por conocer.
Díganselo a alguna mujer que sufre violencia doméstica.

☞ Hijo de tigre, pintito.
Yo soy el primer músico, único escritor, único soltero, único sin hijos, único freak del gimnasio, única persona que nunca se ha mudado de casa, primer tatuado y perforado, de toda mi familia.

☞ Todas las mujeres están locas
No, una de mis ex estaba más loca que todas, y hay muchas mujeres que están más cuerdas que cualquier hombre.

☞ Hay que luchar por el amor.
No siempre; hay veces que hay que dejar ir y pasar a lo que sigue; sobre todo cuando ya hay violencia, o cuando ya de plano no hay ni pizca de amor.

Una vez expuestos los antecedentes y con una metáfora tan buena como la de la programación de una computadora, hoy, en el 2017, podemos usar la siguiente premisa: si una vez fuiste programado o programada de cierta forma, eso se puede hacer otra vez, se puede formatear tu disco duro y hasta podrías poner el nuevo sistema operativo actualizado. No, no es cierto que si te programaron cuando eras chiquito ya te quedaste así. ¿Por qué no es cierto? Porque aprendiste algo el año pasado, por más pequeño que sea, y también se te olvidó algo que aprendiste en la clase de Historia en quinto de primaria, esto quiere decir que puedes aprender cosas y olvidar otras. PUM.

eL mejor caso de desprogramación mental documentado por su servidor soy yo mismo. Ya sé que ya he hablado de esto en dos libros enteros, pero por si no has leído mis otros dos libros, el resumen mega rápido es:

ANTES

- En 5to de primaria, me desinvitaron de la fiesta de fin de año.
- Pasé secundaria aterrorizado de las mujeres, imposible hablarles.
- Declarado francamente incompetente para ligar.
- Un poco traumado por el acné, por enano y por no ser prototipo de belleza.

DESPUÉS

- Me dedico a entrenar gente para que aprenda cómo conquistar a alguien y mi porcentaje de éxito es de 90%.
- Conozco miles de mujeres y conquistar a una no se me dificulta.
- Sigo siendo enano y sigo sin ser el prototipo de belleza, pero ahora sé que eso no es necesario para conocer o impactar gente.

Entonces, habiendo establecido la realidad del porqué somos como somos, ahora pasemos a qué es lo que queremos hacer, lograr, ser, vivir, etc., y luego en el resto del libro te instalo el sistema operativo nuevo, ¿vale? Ahí te voy.

¿Qué quieres? Honestamente, ¿de qué tienes ganas? Yo cuando tenía 17 años tomé una decisión ejecutiva planeada y consciente. Me dije a mi mismo: Quiero ser músico (entra "Highway to Hell" de AC/DC).

Me senté a pensarlo y a analizar los pros y los contras.

Pros. Era lo que más me gustaba hacer en la vida. Sería muy feliz cuando "trabajara". No tendría que trabajar en una oficina y ser "Godínez", usar un traje no me atraía en absoluto (a la fecha odio usar trajes), conocería muchas chicas en mi "trabajo", había posibilidades de hacerme famoso o millonario, pero lo más importante es que ésa era y sigue siendo mi pasión.

Contras. Corría el riesgo de no "pegar" y no hacerme famoso ni millonario, sufrir para pagar la renta cada mes, no tener un sueldo quincenal fijo, que me preguntaran si tocaba en bodas, etc.

Me decidí por arriesgarme y fue la mejor decisión de mi vida.

Obviamente mucha gente me confrontaba y me preguntaban si estaba seguro de lo que estaba haciendo, me decían que estudiara otra cosa, que dejara eso como un *hobby*, y quién sabe cuántas idioteces más; una vez más, programadas en sus cerebros por quién sabe quién. Pero yo le hice caso a Leopi. Repito, era mi pasión.

A lo largo de mi vida ése fue un fenómeno que se repitió en muchos ámbitos; no me gustaba la música que le gustaba a todo mundo; no me gustaba vestirme como todo mundo y había cosas que me parecían francamente incomprensibles, como por ejemplo, casarse con alguien antes de los 30 años de edad.

Aprovechemos:

Ahí les va mi teoría del porqué yo creo que no debería de hacerse lo anterior.

Hace algunas décadas los humanos teníamos una expectativa de vida mucho menor a la de ahora. Hace no mucho, la gente se moría en promedio a los 50 o 60 años de edad y procreaban gente como conejos. Seguramente tus tíos son muchos y los tíos de tus tíos eran familias enormes (cosa que se agradecía en navidad y en tu cumple).

Entonces pasaba lo siguiente:

Nacías, estudiabas, empezabas una carrera y lo normal era terminar esa carrera por ahí de los 24 años de edad (a menos que fueras doctor y terminaras 6 años más tarde). Te dabas unos dos añitos para trabajar, conocer, salir con gente y demás y te *ennoviabas* oficialmente a los 26, andabas unos añitos y a los 28 te casabas, para luego, por ser muy liberal, dejar pasar dos años antes de traer un niño al mundo. Si seguías el ejemplo de las generaciones anteriores, tendrías unos 4 o 5 retoños. Si el primer hijo llegaba al planeta Tierra a tus 30 años de edad, pongamos que el último apareciera aquí a tus 35 (que, para estándares del siglo pasado, ya era muy tarde). Esto significaría que tu hijo más joven estaría apto para sobrevivir sin ti, cuando tú cumplieras 50. O sea, cuando ya estabas en el promedio de la expectativa de vida. ¡Fiuf! justo a tiempo, o a veces un poco demasiado tarde.

Pero ¿qué pasa ahora en el 2016? Ahora vivimos mucho más tiempo, entonces podemos aprovechar los 20 para conocer mucha gente, lograr metas, viajar, tal vez alcanzar una estabilidad económica; si eres hombre, cumplir tu cuota de conocer y estar con muchas mujeres (para que no te den ganas de hacerlo cuando ya estés en una relación monógama) y sobre todo si te quieres casar, que tomes una decisión educada, objetiva y planeada de con quién lo vas a hacer, porque pues, te informo que, es una decisión que cambia vidas.

De hecho esto me lleva a una pregunta cuántica: ¿Te quieres casar?, Honestamente ¿quieres? No es nada más porque ya estás en edad o porque todo mundo lo hace, ¿ok? Supongamos que sí. ¿Tienes un plan de vida de a qué edad quieres que pase cada cosa? Porque si te casas a los 22, hay muchas cosas que tal vez ya no puedas vivir. ¿Quieres tener hijos? ¿Por? Sí, ya sé, son bien lindos, y te cuidarán cuando estés viejito, pero ¿eres lo suficientemente madur@ para traer a un ser humano al mundo? ¿Estás dispuest@ a hacer todo lo que, traer una vida a la Tierra, implica? ¿Has visto siquiera los pronósticos del planeta para cuando tu hijo sea un adulto? Por ejemplo: ¿sabías que para cuando tu hijo sea adulto probablemente el agua no alcance para todos?

¡Ay, wey!

Ojo, no es que no quiera que hagas ninguna de las anteriores; lo que quiero y como premisa fundamental de hacer que las cosas sucedan, es que empieces a tomar decisiones objetivas, basadas en deseos honestos, información real y actualizada y con acciones inteligentes. Estos últimos años me he topado con cientos de ejemplos que demuestran mi teoría de las malas programaciones mentales y algunos francamente son impactantes y tristes. Ejemplos:

Las guerras religiosas

¿Tú crees que un Dios misericordioso quiere que mates gente con una bomba? ¿Por un pedazo de tierra? ¿En su nombre? ¿Porque alguien piensa diferente a ti? Lavado de cerebro cortesía del templo religioso local, un libro que no sabemos quién escribió y toda la gente que creyó en esas dos cosas y aceptaron esa programación (entra "Loosing my religion" de R.E.M.). Por cierto, si puedes, deposita en mi cuenta de banco el diezmo de este mes.

Las peleas de gallos, de toros, de perros, la cacería en general

Matar a un ser viviente por diversión; ya quiero ver que nos lo hicieran a los humanos. Ahora, por culpa de este lavado de cerebro, hemos perdido cientos de especies, hay muchas más en extinción, y las siguientes generaciones no podrán disfrutar el ver a un tigre de Bengala porque en el infinito egoísmo y estupidez de alguien, ese tigre ahora es un tapete. Buena idea idiota.

La opresión a las mujeres en muchas culturas

Francamente estoy convencido de que un ser que puede dar vida debería de considerarse superior al que no puede hacerlo. Creo que no necesito decir más. Ellas deberían de poder hacer lo que quieran, cuando quieran y con quien quieran. Por cierto, una de estas personas que algunos retrasados mentales de mi género consideran inferiores... es tu mamá y te dio la vida, te enseñó a hablar y a caminar, pagó por tu educación, se aseguró de que sobrevivieras, y puso su vida y su salud en peligro muchas veces en nombre de la tuya. Y hoy, ella lo volvería a hacer.

Las fronteras y las visas

¿Quién diablos puso esa raya allí, y por qué hay que castigar a la gente por cruzarla? Familias separadas por el muro de Berlín, gente que muere tratando de cruzar el río para llegar al sueño americano sólo para tener una mejor vida, la separación de las dos Coreas, los sirios que no pueden entrar a un lugar seguro y mueren a diario, adivinen por qué... ¡Por una guerra religiosa! y una raya imaginaria en el piso (aquí iba a entrar la rola de "Imagine" de John Lennon, pero no la dejaron pasar en la aduana).

Los "líderes y políticos" lavacerebros

Cuéntame, ¿cómo te fue votando *bolivarianamente* por Nicolás Maduro? ¡Ah, sí! Es que el fanático bolivariano número uno del mundo, el —gracias a Bolívar ahora difunto— Chávez, en su bondad bolivariana absoluta, dijo: voten por este muchacho que habla con pajaritos bolivarianos; lavado de cerebro bolivariano. ¿Cómo andas de papel de baño bolivariano?, y ése es sólo un ejemplo; también tenemos en nuestro hogar (la Tierra) a un migrante con políticas antiinmigrantes y racistas y posible acceso a armas nucleares, un junior oriental que decide cómo se debe cortar el pelo la gente de su país y también acceso a armamento, varios países donde los actores de la tele o futbolistas (neta) se convierten en políticos y países que votan por el más guapo. Brillante.

El sistema educativo

Aprender a tocar la flauta dulce, la clase de Química, Física, Biología... en mi caso, 4567 horas de mi vida perdidas. Francamente hubiera preferido aprovechar mi tiempo aprendiendo a hacer relaciones, conocer gente, aprender a hacer dinero, viajar, compartir con mi familia, o aprender cosas útiles para mi vida adulta y, aquéllas, dejarlas para el que decida dedicarse a esos temas con esas especialidades.

El sistema político

¿En serio aún no te queda claro que no funciona? ¿Cuantos ejemplos más de abusos y robos quieres para comprobarlo?

La medicina

¿No creen que antes de pagarle miles de millones a un político, comprarle un mega avión a un presidente, hacer una ciudad más bonita, o construir monumentos, deberíamos de garantizarle la salud al menor costo posible a todo el mundo? ¡Hospitales y medicinas para todos digo! Voten ✗ mi en el PRAU para el 2017.

Las instituciones religiosas

No me crucifiquen, pero si vamos a tener pensamiento crítico y si vamos a ser lo más objetivos posibles, a mí no me cuadran 354698 cosas de varias instituciones religiosas, incluida la mía. Partiendo de que al festejo más grande de la religión católica, el nacimiento de Jesús, le cambiaron el día. O sea, ¿cómo? ¡Medio planeta celebra algo el día que no sucedió!

Ojo, una vez más sólo estoy dando datos duros y reales; una cosa es la fe y otra cosa es la institución creada por el hombre y que, nos guste o no, es un negocio.

Bueno, ejemplos como estos debe de haber 3456 más; pero creo que ya quedó claro mi punto. Para lograr tus sueños, cumplir tus metas y hacer que suceda, tienes que cambiar muchas programaciones, quitar creencias limitantes, ponerte en acción, pedir ayuda, dedicarle tiempo y esfuerzo y ser más terc@ que una mosca tratando de atravesar una ventana.

> ## Entonces, basta de choro
>
> ### TÚ
>
> - 💡 ¿Qué quieres?
> - 💡 ¿Qué quieres ser?
> - 💡 ¿Qué quieres lograr?
> - 💡 ¿Para cuándo?
> - 💡 ¿Por qué?
> - 💡 ¿Ya pensaste en las repercusiones si logras esos objetivos?
> - 💡 ¿Ya hiciste una lista de pros y contras?
> - 💡 ¿Cuál es el plan B si no sale el A?
> - 💡 ¿Para qué eres buen@?
> - 💡 ¿Qué dificultades tendrás que sortear para lograr estos sueños?
> - 💡 ¿Estás preparad@ para emprender esa odisea?

Necesito que tengas respuestas honestas a estas preguntas para que podamos proceder a instalarte el nuevo sistema operativo. HONESTAS. No basadas en lo que dijo la sociedad, la religión, tus papás, la escuela, tus amig@s, etc.

Para lograr estos sueños que propones, obviamente tendremos que borrar algunas creencias limitantes instaladas previamente en tu cerebro y te voy a enseñar a hacerlo ahora. *ERASE.*

Toda aquella cosa que aparezca en tu pantalla cerebral que diga o se asemeje a "no se puede", "está difícil", "ya estás muy grande para eso", "no se debe", "está mal", etc., quiero que lo pases a través del siguiente **Filtro Anticreencias Limitantes**:

1. Según quién —la(s) persona(s) que te ha(n) dicho cómo deben de ser o hacerse las cosas—, ¿qué autoridad moral tiene para darte ese consejo?, ¿es un experto?, ¿nunca se ha equivocado?, ¿cómo podemos saber si está mintiendo o si tiene la información errónea?

2. ¿Y por qué no? El hecho de que a otra persona le parezca descabellada tu idea, o que no se haya hecho nunca, no quiere decir que sea una mala idea; de hecho, si así fuera, inventos como la aviación, la telefonía celular o el internet, hubieran sido descartados a la primera.

3. ¿Qué va a pasar cuando lo haga? ¿Qué podría pasar si no lo hago? Así nació "eL efecto Leopi"©, justo con esas dos preguntas y, mira, una idea completamente descabellada como que un músico escribiera un libro de cómo conquistar gente, se convirtió en una aventura mundial que hoy me hace muy feliz a mí y a mucha gente.

4. Vas a perder el 100% de las oportunidades que no tomes. Creo que ésta se describe por si sola, ¿no?

5. Si alguien más pudo (o aunque no), tú puedes. Todo lo que hay a tu alrededor, TODO; alguien lo soñó, puso manos a la obra e hizo que sucediera. Tu ropa, tu casa, tu computadora, tu celular, tus lentes, y cosas descabelladas como volar, rascacielos, el metro, vaya, hasta tu mera existencia partió de una idea que culminó en una acción.

6. Si aún dudas de tus capacidades échate un clavado a los siguientes videítos:

https://goo.gl/GmyEjv
https://goo.gl/Ttec6
https://goo.gl/FEV2nr
https://goo.gl/QDeUNN

Éste es Elon

- ✓ Elon quería un mejor sistema de pago en internet.
- ✓ Elon creó Paypal
- ✓ Elon quería ir al espacio.
- ✓ Elon fundó SpaceX.
- ✓ Elon quería autos eléctricos y una revolución automovilística.
- ✓ Elon fundó Tesla Motors.
- ✓ Elon quería una forma de transporte rápido. Y trabajo en Hyperloop.
- ✓ Elon no se queja del mundo en que le tocó vivir, lo cambia.
- ✓ Sé como Elon.

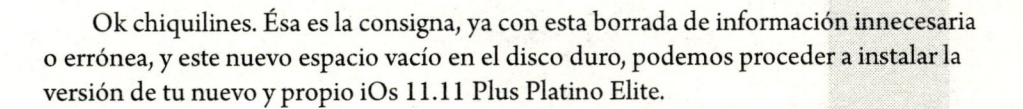

Ok chiquilines. Ésa es la consigna, ya con esta borrada de información innecesaria o errónea, y este nuevo espacio vacío en el disco duro, podemos proceder a instalar la versión de tu nuevo y propio iOs 11.11 Plus Platino Elite.

¿List@s?

89%

Life coaching con PNL

> ya se puso buena la cosa

2

Coaching con PNL

Hace algunos meses fui, una vez más, a hacer la traducción simultánea de dos cursos del maestro de maestros en Programación Neurolingüística, Richard Bandler. Una semana de lavado y engrasado cerebral, en la ciudad de Orlando, Florida, con gente de más de 15 países... eL entrenamiento: *NLP trainers training* (entrenamiento para entrenadores).

Como te podrás imaginar, es una experiencia muy loca. No sólo estás en el más potente curso de PNL que existe en el mundo y con el tipo que la inventó, sino que también estás en una convención internacional de gente a la que le apasiona el uso del cerebro, como a su servilleta. Además, éste es un curso para aprender cómo enseñar PNL, literal, desde cómo te debes parar en el escenario, hasta cómo actuar si en un curso tienes un cliente nefasto infectando a tu público, cosa que, créeme, llega a pasar; un *troll* en la audiencia (*been there, done that*).

Además de todo lo que un humano normal puede aprender en un curso de éstos, yo lo vivo desde un lugar diferente; desde mi cabina de traducción, en una especie de trance hipnótico en el que me tengo que meter para poder escuchar algo en un idioma y decirlo al mismo tiempo en otro idioma, todo el día, sin ayuda, y encerrado en una cabinita de 2 × 2 × 2... así es uno de valeroso.

Bueno, pues además de todo esto y de hacerme amigo de ticos, paisas, geishas y samuráis (literal), hacer contactos que facilitarán que pueda llevar mi curso a nuevos países y divertirme como enano (no sé realmente cuánto se divierte un enano, pero pues así va la frase), también tuve oportunidad de aprender un tema nuevo que resultará súper útil para que lleves "eL efecto Leopi"© a todos lados: *LIFE COACHING CON PNL*. Honestamente yo no estaba muy empapado en el tema del *coaching*.

Muchos de mis alumnos me dicen *coach* o *sensei*, pero sólo por ser su maestro, no tanto porque yo me haya certificado como *coach*.

El tema de la conferencia lo desarrolló y expuso el *Master Trainer, Alessio Roberti,* de Italia, cosa que hizo aún más interesante mi trabajo, pues ahora yo tenía que traducir al español, a un italiano intentando hablar inglés. No me lo tomen a mal, el tipo tiene buen inglés pero su acento definitivamente no era anglo; además, hasta el tercer día entendí que la palabra "*ciao*" significa "hola" y también "adiós". *Santíchima confusione*.

Pensé que era buena idea no sólo hacer mi trabajo, sino además poner mucha atención para ver cómo podía yo adaptar las ideas de Alessio a mi tema —la conquista— y efectivamente fue una gran idea. Bien ahí Leopi, estrellita en la frente pegada con babita.

Resulta ser que, igual que con la PNL, hay muchas cosas de *life coaching* que todos ya hacemos, sólo que desconociendo su nombre científico y sin haberlas estudiado, o sin intención. Hoy te voy a enseñar cómo aplicarte a ti mismo un poco de *life coaching*, principalmente en mi tema preferido (conquistar a alguien), pero metafóricamente aplicable a lo que tú quieras: trabajo, economía, lograr sueños, manejar pérdidas, cambiar cosas de ti mism@, etc.

¡Al cuerno por los toros! ¡Comencemos!

En el libro *El juego interno del tenis*, Timothy Gallway empieza con la siguiente declaración: "Todo juego se compone de dos partes, el juego externo y el juego interno". El juego externo se hace con otra persona tratando de superar obstáculos externos y el juego interno es el juego que sucede en tu cabeza.

¡Vórale!

El juego interno, por ejemplo, es en contra de obstáculos, como falta de concentración, nerviosismo, dudas, juzgarte muy fuerte, etc. Este juego interno es, por así decirlo, "tú hablando contigo mismo"; entonces, en este caso, tenemos que definir a "tú" y a "ti mismo" como dos entidades diferentes, para que exista esa "conversación". Así ya nadie podrá volver a juzgarte por oír voces en tu cabeza; (una voz canta en tu cabeza "I hear voices in my head" de Rev Theory).

> Tu tú mismo 1 es el que "dice".
> Tu tú mismo 2 es el que "hace".

El primer postulado del juego interno es el siguiente:

> "La relación que existe entre tu tú mismo 1 y tu tú mismo 2 es el factor primordial para determinar tu habilidad de convertir tus conocimientos de la técnica en acción".
>
> ¿Quióbole?

Ya se puso loco este libro (siéntase en libertad de encender un incienso y poner música de cítara en este momento).

Todo esto que te estoy contando derivó en un libro que se convirtió en algo así como la Biblia del *coaching*, *Coaching para el desempeño* de John Whitmore; y de ahí nació un modelo llamado GROW, que es un acrónimo en inglés que dice "crecer" o "crece", con las siglas, pero realmente significa lo siguiente:

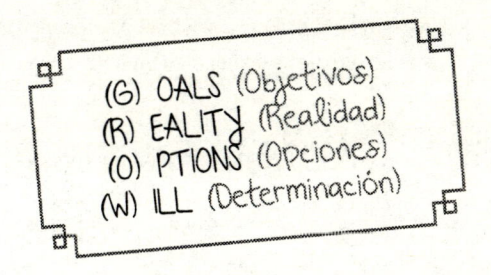

> (G) OALS (Objetivos)
> (R) EALITY (Realidad)
> (O) PTIONS (Opciones)
> (W) ILL (Determinación)

Trabajando con estos cuatro pasos, tú podrías aumentar sustancialmente tu consciencia y el entendimiento de tus aspiraciones, tu situación actual y tus creencias, las posibilidades y los recursos disponibles para ti y las acciones que tendrás que llevar acabo para conseguir tus objetivos personales y profesionales…

¿Qué dijo?

Va en castellano:

¿Qué quieres?
¿En dónde estás ahora?
¿Qué podrías hacer?
¿Qué vas a hacer?

EL ORDEN DE ESTOS FACTORES SÍ ES MUY IMPORTANTE.

Llevándolo a mi tema y para que lo uses como metáfora: supongamos que a ti te gusta Cris.

- ✓ ¿Qué quieres? Andar con Cris.
- ✓ ¿En dónde estás ahora? En la maldita "zona amigo" de Cris.
- ✓ ¿Qué podrías hacer? Aplicarle todo "el efecto Leopi"© sin piedad a Cris.
- ✓ ¿Qué vas a hacer? (O sea, cómo, cuándo, qué, dónde, etc.).

Yo le sumaría varias cosas más: análisis de Cris, análisis de *timing*, preproducción y planeación de la estrategia, plan B, y más, pero eso es ya más avanzado, vamos en orden.

¡Lindo!, ¿no? Vamos entonces a los objetivos

Pero pues obvio no es así nada más y ya, así de simple; no señor. Vamos a expandir el concepto ahora:

- ✓ Quiero que tus objetivos los definas en términos positivos (o sea, lo que SÍ quieres, no lo que no quieres).
- ✓ Necesito que esos objetivos los inicies y los mantengas tú (son responsabilidad tuya, #posoye).
- ✓ Esos objetivos deben ser definidos de acuerdo con evidencia real comprobable (o sea, no me digas que te quieres ligar a Britney Spears si ni siquiera la conoces, pero tampoco te limites, todo es posible).
- ✓ Deben haber sido planeados estando tú en un estado positivo (¿te acuerdas del cambio de estado que vimos en los otros libros? Pos así).
- ✓ Tienen que estar en el contexto de mantener la ecología externa (o sea, que no sea algo malo para nadie).
- ✓ Por escrito y con tiempos definidos (cuaderno Scribe rayado tamaño profesional y agenda en mano).

Ándele. Una vez teniendo esto claro podemos pasar a analizar las consecuencias de esto que queremos lograr para tomar una decisión aún más educada y objetiva, así como motivarnos para eventualmente ponernos en acción.

En el capítulo final le agregaremos a esto 3456 cosas; pero vamos en orden para no confundirnos, así que ahora con ustedes:

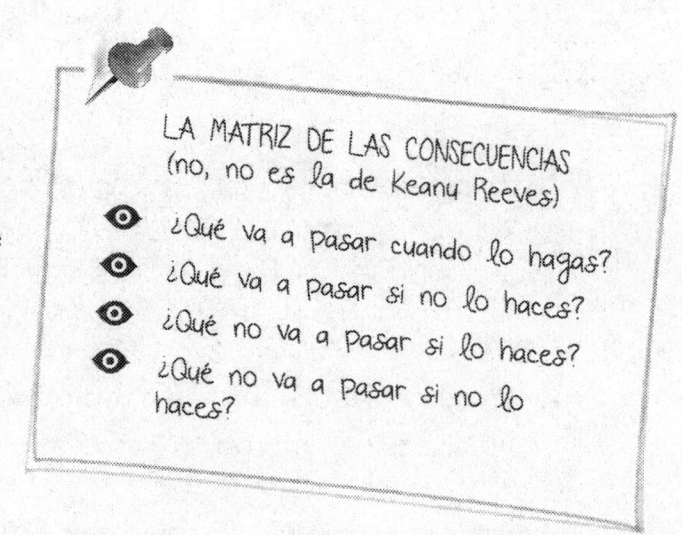

> LA MATRIZ DE LAS CONSECUENCIAS
> (no, no es la de Keanu Reeves)
> 👁 ¿Qué va a pasar cuando lo hagas?
> 👁 ¿Qué va a pasar si no lo haces?
> 👁 ¿Qué no va a pasar si lo haces?
> 👁 ¿Qué no va a pasar si no lo haces?

Está bueno esto del *autocoaching*, ¿no? Obviamente en gran parte, el chiste del *coaching* es que tengas un *coach* —duh no me digas, Leopi—, alguien objetivo, capacitado, que te motive, que te ayude, y que te asesore, te acompañe y te dé seguimiento en la aventura que quieres realizar; pero como no siempre es posible tener esa ayuda, o tal vez para empezar con proyectos pequeños, no está de más practicar y entender este modelo, pues ¡*avanti*, aunque sea solapas mis soldados! Ya después me llamas y nos organizamos.

Vamos al siguiente concepto. En el *coaching* hay una herramienta llamada "La rueda de la vida", que es una herramienta muy útil para medir ese equilibrio —tan necesario— entre las 45 cosas que hacemos y las 21 que nos importan en la vida. A mí me gustaría una vez más que la uses en Macro (rueda de la vida) y en micro (rueda de "eL efecto Leopi"©). Ahí te voy:

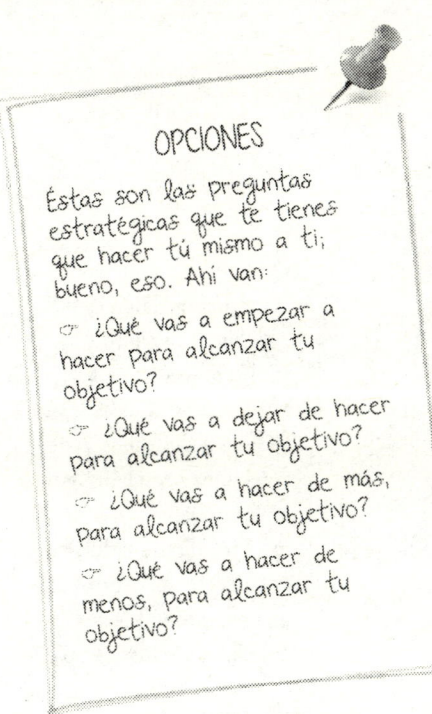

OPCIONES

Éstas son las preguntas estratégicas que te tienes que hacer tú mismo a ti; bueno, eso. Ahí van:

- ¿Qué vas a empezar a hacer para alcanzar tu objetivo?
- ¿Qué vas a dejar de hacer para alcanzar tu objetivo?
- ¿Qué vas a hacer de más, para alcanzar tu objetivo?
- ¿Qué vas a hacer de menos, para alcanzar tu objetivo?

Ése podría ser un ejemplo (de muchos) de los temas que puede incluir una rueda de la vida: carrera, dinero, salud, amigos y familia, pareja / romance, crecimiento personal, diversión, ambiente físico, etc., pero el chiste es que tú puedes poner las cosas que a ti te importan en tu rueda; por ejemplo, yo pondría mi grupo de rock, tiempo para componer, gimnasio, etc.; o puedes usar una rueda con un objetivo completamente romántico o de pareja y tener factores tan específicos como los enumerados a continuación:

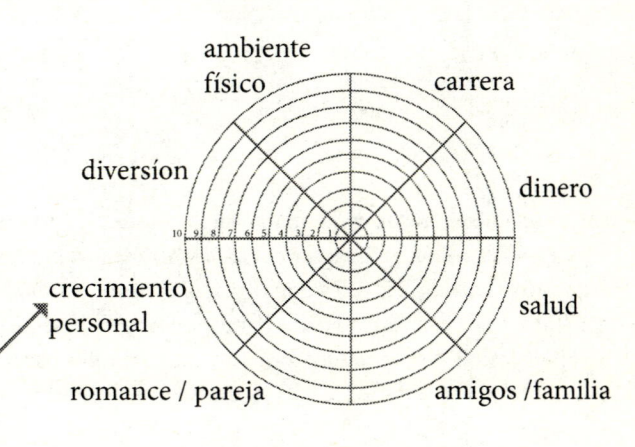

● 1   ● 2   ● 3   ● 4   ● 5   ● 6

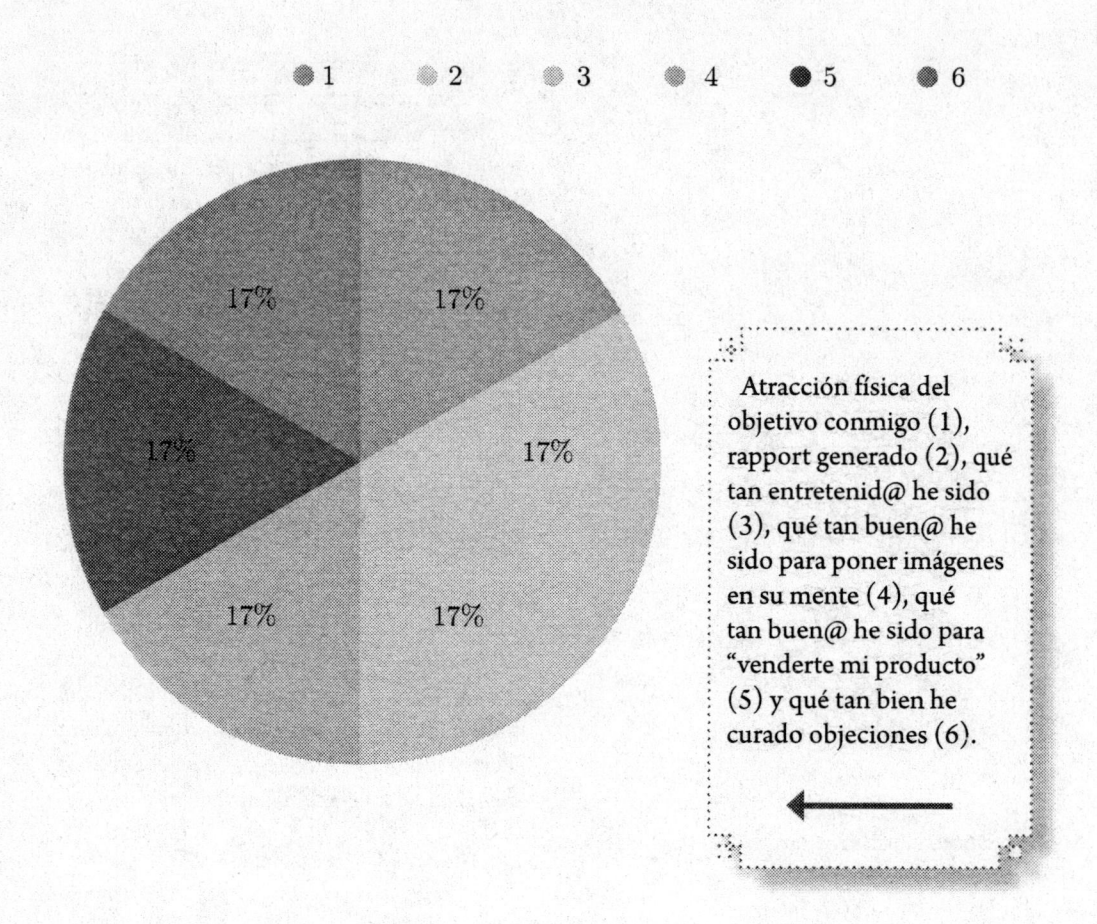

> Atracción física del objetivo conmigo (1), rapport generado (2), qué tan entretenid@ he sido (3), qué tan buen@ he sido para poner imágenes en su mente (4), qué tan buen@ he sido para "venderte mi producto" (5) y qué tan bien he curado objeciones (6).

Les dije que este libro era el avanzado y no me creían...

Ahora, el chiste es que cada una de las secciones de esta rueda sea medida individualmente. Ojo, en el capítulo 3: "Herramientas avanzadas" viene algo parecido pero completamente enfocado al nivel de interés que lograste en una cita. Aquí me estoy enfocando en algo más general, ya sea usando la rueda como fue originalmente diseñada, para ver el equilibrio en diversos temas de tu vida, o como en este ejemplo para medir cuál pueda ser tu área débil en cuanto a desempeño de "eL efecto Leopi"© (aquí no entra música de ningún tipo, sean serios).

Regresando al ejemplo original, supongamos que en tu rueda general marcas del 1 al 10 el nivel de satisfacción que tienes en cada tema y te queda una rueda como la siguiente:

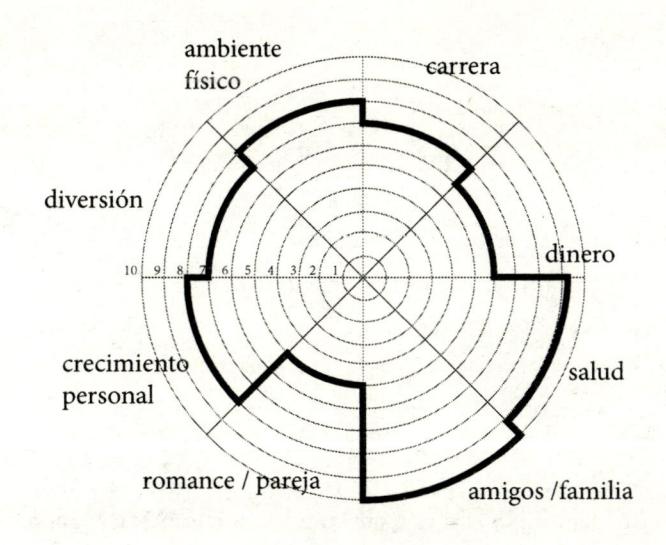

Como puedes ver en esta gráfica, el departamento de romance / pareja y el de dinero, tienen un nivel de satisfacción bajo. Ahí es donde hay un área de oportunidad y donde podrías implementar, como anillo al dedo, el modelo GROW.

Ahora, ¿quieres que nos pongamos aún más locos? Tú puedes hacer tus ruedas de la vida del pasado, del presente y del futuro y así no sólo medir el balance hoy, sino cómo estaba antes y cómo quieres que esté en cierto momento; o, es más, cómo quieres que cambie, trazando objetivos a corto, mediano y largo plazo. ¡Púmbales!

Ahora, aquí hay un truco. El *coaching* tiene mucho éxito porque se convierte en compartir con alguien más (el *coach*) la responsabilidad de que las cosas se hagan, pero como aquí lo estamos probando y usando en nosotros mismos, solitos con nuestra "soledá", TIENES que hacerte responsable del seguimiento de este proyecto. Puedes ponerte recordatorios, pedir ayuda, etc., pero sí es importante también adquirir el hábito de HACER QUE LAS COSAS SUCEDAN por ti mism@, y no dejarlas en manos del *coach*, tu mamá, tu jefe, tu amigo, el destino o el espíritu santo. Haz un calendario, haz cita contigo mismo para ver qué lograste en el período entre sesiones de análisis, ajusta lo que no salió tan bien, replantea cosas, mueve el plan y continúa. Si haces esto, CRÉEME, estás haciendo que suceda. No manches, me leo y parezco una persona madura y sensata, ¡cómo he cambiado!

Quiero que estés atent@ a no caer en estas posibles disfunciones (no, no son eréctiles):

- No confiar en ti mism@.
- Tener miedo al fracaso.
- Falta de compromiso con el proyecto.
- Postergar.
- Falta de seguimiento.
- No poner atención a los resultados.

👁 Poner excusas.
👁 Frustrarte si no sale bien "a la primera".
👁 No seguir si algo sale mal.
👁 Tener pena de pedir ayuda.
👁 Dejar de motivarte diario.
👁 Perder u olvidar en dónde está todo apuntado (haz un backup).
👁 Pensar que tienes toda la vida para hacerlo (porque no es así).
👁 Escuchar música de banda ;)

Ahora, el título de este capítulo dice "con PNL", así que obviamente quiero que a todo lo anterior le agregues lo siguiente:

Vas a diseñar tus objetivos usando el operador modal de necesidad que más te convenga, con referencia interna o externa (la que te funcione mejor), dependiendo del objetivo; lo basarás en "acercarte al placer o alejarte del dolor", vas a utilizar una línea del tiempo para visualizar esta misión y, en esa línea, vas poner anclas positivas en el futuro y también durante el proceso y, sobre todo, para dispararlas y, en consecuencia, motivarte a ponerte en acción.

Ahora sí, a ver quién intenta detenerte.

Por si no tienes los libros anteriores y no entendiste nada de lo que dije en el párrafo de arriba, dejaré esto por aquí:

Operadores modales

Frases con palabras como: "No se puede" o "No se debe", se conocen en PNL como operadores modales. Estos operadores modales ponen límites, gobernados por reglas no dichas.

Los operadores modales consisten en una afirmación que está definiendo un límite, aseverando sobre la posibilidad o necesidad de algo... ¿Qué? Ni yo entendí.

Por ejemplo, la afirmación: "Es imposible hacer entender a un hombre simplemente hablándole", o "Tú no puedes manejar bien porque eres mujer", son expresiones de limitaciones que pueden ser acertadas o no, aunque la primera es muy posible que sea cierta,

¿verdad? Ja ja ja.

Otros ejemplos: "Tienes que pensar antes de hablar", "No deberías desafiar los modos tradicionales de conquistar a una chica", "Un detalle tan pequeño no puede ser de real importancia".

Cada vez que una persona enuncia un operador modal es importante prestar atención porque está a punto de contarnos una de las CREENCIAS que sostienen su IDENTIDAD.

¡Vooralee!

Hay dos tipos de operadores modales: los de posibilidad y los de necesidad.

Operadores modales de posibilidad

Éstos son los operadores más fuertes, ya que definen, en el mapa de quien habla, qué es lo que considera posible. Evidentemente existen las reglas de la naturaleza: "los perros no pueden volar" (aunque el bajista de mi grupo piense diferente) y las personas no pueden vivir sin oxígeno (aunque los de Maná lo deseen). Sin embargo, los límites puestos por las creencias de una persona son muy diferentes: "No lo podría lograr", "Soy así y no puedo cambiar" o "Es imposible convencerla". Es positivo que una persona crea que tiene ciertas capacidades (a menos que sea mentira o que desafíe a la naturaleza). Es el "NO SE PUEDE" el que limita. Cuando uno dice "No puedo...", se percibe a sí mismo en un estado de incompetencia absoluta y sin posibilidad de cambio. Los operadores modales de posibilidad son:

Puedo - No puedo
Podría - No podría
Es posible - Es imposible

> *Soy capaz - No soy capaz*
> *Es fácil - Es difícil*

Cuando alguien dice que NO PUEDE hacer algo, es que ha señalado un objetivo y lo ha puesto fuera de su alcance. Todo esto sucede dentro del mapa de creencias de la persona. Y es cierto porque la persona lo CREE cierto.

Operadores modales de necesidad

Estos operadores incluyen una obligación en el mapa de quien habla. Da por sentado que existen reglas de conducta, pero no están explícitas. ¿Cuáles son las consecuencias, reales o imaginarias de ignorar o transgredir esas reglas?

"Tengo que leer primero esto", "No deberías de intentarlo con ella todavía", "Hay que leer 'eL efecto Leopi'© antes de ligar", "Es imprescindible comprarlo y recomendarlo". En todos estos ejemplos, hay unos MOTIVOS, pero no están claros; no son necesariamente compartidos por todos. Por supuesto que las reglas de conducta existen y son importantes. De todos modos hay una diferencia abismal entre decir "Tú deberías ser honrado en los negocios" y decir "Tú deberías ir al cine conmigo más a menudo".

Los operadores modales de necesidad son:

> *Hay que - No hay que*
> *Hace falta - No hace falta*
> *Debo - No debo*
> *Debería - No debería*
> *Tengo que - No tengo que*
> *Es necesario - No es necesario*
> *Necesito - No necesito*

Desafiando a los operadores

¿Saben cómo empezó "eL efecto Leopi"©? Con las preguntas:

¿qué pasaría si le digo esto a esa chica?, ¿qué pasaría si también aplico PNL?, ¿qué pasaría si resulta?, ¿qué sucedería si escribiera un libro?

Los operadores modales pueden ser desafiados por medio de las siguientes preguntas:

☞ Hay que... o debo .... ¿Qué pasaría si no lo hicieras?
☞ No hay que... o no debo ..... ¿Qué sucedería si lo hicieras?

Estas preguntas permiten que aparezca el motivo que hace que el resultado se obtenga o no. Cuando esto pasa, se puede ver exactamente qué está pasando para luego sostenerlo o cuestionarlo, en lugar de seguir tomándolo como una verdad absoluta.

> Utilizar la palabra "debería" suele tomarse como un reproche: "Tú deberías ser capaz de hacer algo (pero no puedes)... (¿Me estás oyendo inútil?, rata de dos pataaas)". Por lo que se introduce un sentimiento de fracaso, que está solamente en la creencia de quien habla.

Los operadores modales se pueden ver como RESISTENCIA. A menudo son asumidos y aceptados como cosas malas que no se pueden cambiar. La manera de explorar y desafiar los operadores modales consiste en las preguntas: ¿Qué te detiene? ¿Qué sucedería si pudieras? ¿Qué pasaría si lo hicieras? ¿Qué necesitarías para hacerlo? Ésta son formas de impulsar a una persona a considerar "¿qué pasaría si...?" o a actuar "como si" el límite pudiera ser cruzado. Y ya para ponerle un poquito de esteroides a la fórmula, qué pasa si le cambias el tiempo al verbo para hacerlo más fuerte:

¿QUÉ VA A PASAR CUANDO LO HAGAS? ...¡SOPAS!

Quiero que apliques esto a todo lo que te imposibilita lograr algo, que destruyas operadores modales que te frenen y que introduzcas los que te empujen e impulsen a ser mejor y también que los tomes en cuenta cuando tu prospecto te presente una objeción utilizando operadores modales, si los destruyes correctamente no va a tener argumento alguno para negarse a algo que le propongas. Qué *cool*, ¿no?

Referencia interna o externa

Súper facilito. Si yo me veo en el espejo y estoy mas cachetón que antes de navidad, encuentro excusas, pienso en empezar dieta la próxima semana o pongo mi cara de Paulina Rubio haciendo *duck face* y así me veo menos cachetón, otra vez, pero realmente no me pongo en acción para bajar ese cachete. Pero si alguien me dice que engordé, que estoy más cachetón o que ya debería ir menos a McDonald´s, mi reacción es totalmente diferente: venga la vigorexia (es broma), gym, dieta, GNC, patinar, faja, Jenny Craig, Slimfast, lechuga y agua, doble cardio, clase de baile, más sexo (je je je), todo el mismo día, intensivo y sin chillar (Entra "Lets get physical" de Olivia Newton John, mientras hago aeróbics).

Busca y analiza cuál es la referencia que te impulsa más a ti y utilízala a tu favor, para que sea el impulso disparador a hacer las cosas. Es aún más potente si lo combinas con alejarte del dolor y acercarte al placer. Utiliza también esta herramienta para ver qué motiva e impulsa más a tu futura, o actual pareja, a hacer las cosas y así podrás, más fácilmente, salirte con la tuya.

¿Qué tal si a tu amig@ le da miedo el compromiso, pero le encantaría tener un@ novi@ como sus amig@s? Al mismo tiempo sabes (porque lo has calibrado preguntándole cosas) qué es lo que l@ influye de forma más fuerte y sabes que l@ afecta más la referencia externa que la interna.

Entonces va a ser mucho más fácil persuadirl@ para que sea tu novi@, si algún amigo o amiga le dice que se ven muy bien juntos, llegando con pareja a todos los eventos sociales y siempre content@ y acompañad@, a diferencia de que si tú le dices que ya quieres que sea tu novi@ formal (disparando el ancla negativa de lo que la *compromisofobia* significa para esta persona).

Mañoso el Leopi, ma-ño-so.

Regresando a mi ejemplo:

- 👁 Leopi en el espejo: "¿Estoy cachetón? Naaah, es la camisa que traigo, pero tal vez debería de bajarle a los carbs; no es bueno para la salud subir de peso, lo voy a pensar, bueno, la próxima semana... tal vez...." y no hago nada (referencia interna, alejarme del dolor, operador modal suavecito y de hueva).

- 👁 Chica le dice a Leopi: "¡Leopis! ¿qué te *panzó* en navidad? ¿Te comiste a Santa? ¡Así no vas a conocer niñas ni en el instituto para la ceguera!" (también es broma, no se claven).

👁 Leopi: "Chale, esto sí ya está muy punk, ya me lo dijo alguien más, y... si estoy en búsqueda de pareja (pensando como hombre), tengo que tener un cuerpo súper antojable para que me pelen; quiero ponerme a dieta y ponerme a hacer ejercicio YA" (referencia externa, acercarme al placer, operador modal potente para mí).

> ### REFERENCIA INTERNA O EXTERNA:
>
> Las tareas, o los objetivos, o la motivación para empezar a ponerte en acción que tengas, quiero que te las digas tú (referencia interna) y que te las diga alguien más (referencia externa). Quiero que las oigas de alguien o las oigas de ti (si eres más auditivo), o que las leas, o las pongas en fotos o las dibujes (si eres más visual), ¿ya me vas entendiendo? Básicamente quiero que HAGAS y USES TODO LO POSIBLE para lograr los objetivos planeados cada vez que te vayas a aplicar coaching con PNL, además de "el efecto Leopi"©.

3

Herramientas avanzadas
(del año 3000)

Herramientas avanzadas

Bueno chiquilines, tenemos a la fecha cientos de herramientas en "eL efecto Leopi"©; hemos cubierto bastantes de ellas en los libros anteriores, en el blog, en las publicaciones para las que escribo, en entrevistas y curso,s etc.

peeerooooo...

No podría haber un tercer libro de "eL efecto Leopi"© sin tener aún más cosas que se puedan utilizar efectivamente en mi tema de especialidad: conquistar a una persona, atrapar a la víctima, conseguir al mareado o a la brujer, recuperar a alguien, etc. Si ya tienes esa misión lograda, lee esto para que se mantenga por mucho tiempo, o para aplicarla en otras áreas de tu vida.

Así que a continuación, mis queridos churumbeles, les presento lo más nuevo (al día de hoy marzo de 2017) lo más potente, mis últimos descubrimientos e ideas que contribuyen a nuestra noble labor de frotarnos y sobetearnos contra la epidermis de alguien más. ¡Ajúa!

1. La curva de impacto

Digamos que te gusta Cris. Asumo que ya leíste "eL efecto Leopi"© antes mencionado y tienes bastante idea de qué hacer, cómo funciona el sexo opuesto, ya sabes pensar como una empresa, ya practicaste, sabes qué procedimiento seguir, tus misiones con tu víctima, etc.; pero hoy me gustaría enseñarte un sistema que te dará idea de cómo manejarte macroscópicamente (ay weyyyy que palabrota), a lo largo del tiempo que te encuentres en "campaña de *marketing*" con esta víctima en particular. *La curva de impacto*.

Se trata de lo siguiente:

Normalmente cuando uno empieza a salir con alguien (en este caso la "unidad" se llama Cris), hay una temporada de ser "galanes", de —por así decirlo— "salir" con esa persona.

¿Estamos? Lo ideal sería que en esa temporada, a la cual yo llamo "temporada de *marketing*", vayas avanzando, subiendo peldaños y creciendo en el corazón, mente y accesos corporales con esta persona.
Ejemplo:

L@ conoces en una comida, platican un rato e intercambian *whatsapps*. Se mensajean unos días y terminan agregándose en otras redes sociales. Los dos deciden que vale la pena conocer más a la otra persona y continúan comunicándose y empiezan a verse (*dates*). En el primer *date* la pasan bien, se ríen, se divierten y la otra persona ahora sabe más de ti y tú sabes más de esta persona; el interés crece (Oye, pero no me cuelgues; es que quiero oír tu voz). En la segunda cita ya se ven con ojitos de perrito en aparador de tienda, y tienen más confianza. La tercera cita, en algún momento, alguien dice "me gustas", pero como todavía se están mordiendo el rebozo y escondiéndose tras la trenza, nadie hace nada. En la cuarta cita te das cuenta de que tu *marketing* ha estado funcionando, porque empiezas a ver señales de interés obvias y todas tus "bromas en serio" salen bien. Entretienes, pones imágenes en la mente del otro, "vendes tus bondades", hay mucho *rapport* y de pronto ¡PUM! hay un besito de esos del tipo *kiko* y salgo corriendo. Y así empieza a crearse una posible relación.

¡Aaahhh, qué bonito! Ojalá que fuera así de fácil siempre; pero no lo es. Siempre hay variables como *timing*, errores en las citas, desperdicios de oportunidades, fallas por culpa de alguien más, etc., y aquí es donde usar la curva de impacto te dará una ventaja.

Se trata de dos cosas: 1. Que cada cita o interacción que tengas con la víctima sea medida en cuanto a calidad del impacto logrado en una escala del 0 al 100. Ejemplo: Si tu cita de anoche fue un éxito, todo salió bien y sientes que tu víctima llegó a casa con un muy buen sabor de boca… ¿qué calificación le darías a la felicidad general de Cris del 0 al 100?

Capítulo 3 • Herramientas avanzadas (del año 3000)

Esta maniobra de calificar el impacto de tu comunicación digital o de tu cita en persona, la vas a hacer cada vez que haya interacción con la "unidad", durante toda la campaña de *marketing*. Aquí va en grafiquitas para los visuales y porque acabo de descubrir cómo hacerlas en la compu.

Obviamente lo ideal es que en cada comunicación con la víctima los números suban. ¿Cómo?, cumpliendo todo lo propuesto en el plan, en el *blueprint* de la campaña de *marketing*. Entretener, escuchar, hacer empatía, hablar de temas que apasionen a la víctima, vender tu producto, poner imágenes en su mente, lograr que la otra persona cambie de estado, hacer bromas en serio (si ya se puede), tener señales de interés, etc., lo veremos en la gráfica redondita… (me gusta esa palabra, "redondita").

No se trata de medir tu desempeño, aunque si usas esta forma de medir durante tu entrenamiento sería una buena idea y ahí sí aplica medir qué tanto y cómo lo hiciste, pero si ya es en citas reales e importantes, lo que estás midiendo es el nivel de impacto, satisfacción, felicidad, ganas de saber más de ti o ganas de volver a salir contigo, de "Cris".

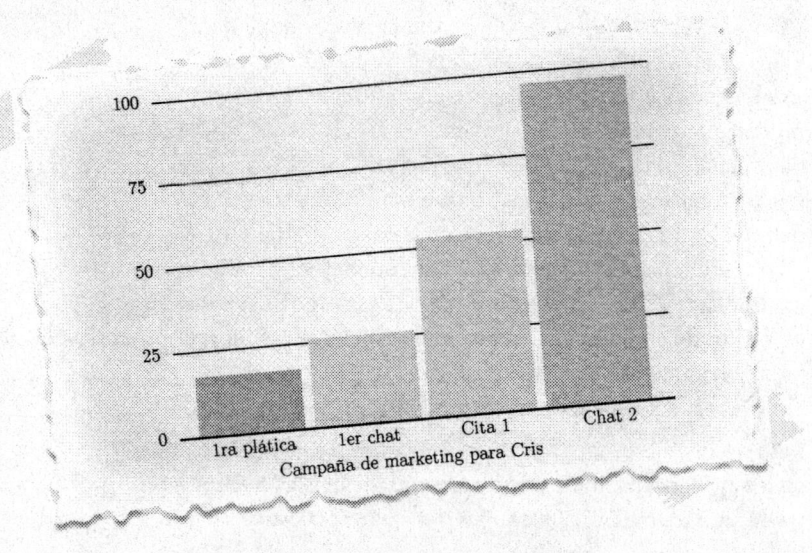

Campaña de marketing para Cris

Y… ¿cómo hacemos eso?

Sacar el promedio es una manera de hacerlo, pero recuerda que aunque hayas sido brutal en la cita 1, en cuanto a desempeño tal vez te genera sólo un 10% de interés, por el simple hecho de ser nuev@.

Además de querer los números lo más alto posible, queremos que haya una curva de crecimiento desde la primera plática hasta la cita 10 (por poner un número, en realidad no sabemos cuántas interacciones va a tomar lograr subir de nivel).

Ahora, esto no es todo, mis queridos másters de "eL efecto Leopi"©, la parte 2 es que mientras medimos individualmente cada interacción, vamos a ir midiendo también el *overall*, la calificación general que le darías al nivel de interés que tiene Cris en ti del día 1 a hoy.

Explícome: Si tú llevas saliendo con "Cris" dos meses, y ya quieres intentar algo, no sé, un beso, andar, o lo que tú busques, va a ser mucho más fácil lograrlo si "Cris" ya tiene un nivel de interés alto en tus huesitos, pongamos un 8 o un 8.5.

Ese número lo podremos calcular basándonos en la calificación más reciente de las interacciones individuales, pero le podemos sumar 5 puntos si el crecimiento ha sido positivo en general, 5 más si el *timing* está bien y otros 5 si la víctima da señales de interés positivas en abundancia. Ejemplo (ve la gráfica).

¿Por qué el nivel de interés general llegó casi a 70 si en la última interacción llegaste a 52.5? Porque le sumamos 5 por tener un crecimiento positivo en general, eso nos da un 57.5, le sumamos otros 5 porque en el análisis del "cliente" vimos que el *timing* era positivo (vamos en 62.5) y otros 5 puntos porque la víctima da muy buenas señales de interés de forma constante, para un gran total al día de hoy de 67.5.

Un 67.5 puede ser suficiente para ti para intentar algo o pedir / proponer algo, pero yo siempre voy a la segura; yo casi siempre intento o pido algo hasta que llego a un 80 (a menos que tenga señales de interés obvias desde antes).

Ahora, importante, tampoco te claves con los números, obviamente la conquista no es una ciencia exacta y además es una tecnología que se ve afectada por infinidad de variables externas; el chiste de esto es simplemente tener un buen medidor de cómo vas y cómo se siente " Cris", antes de arriesgarte a pedir o a hacer algo, si el interés de la "víctima" aún no es alto.

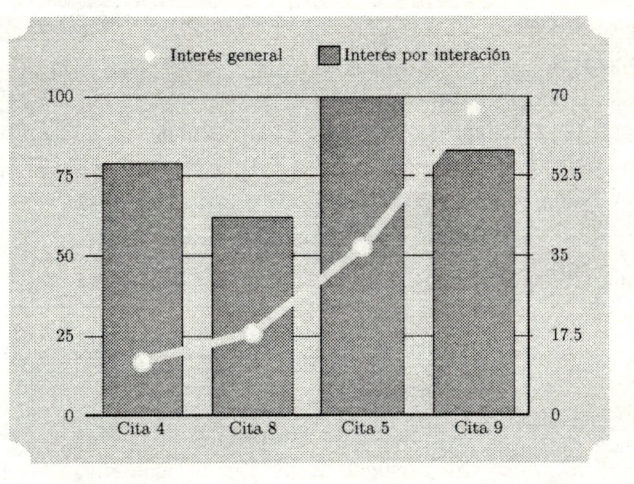

¿Qué es más potente: en persona o por chat? Depende de cada persona; en chat tienes más tiempo de pensar, menos ansiedad por tener enfrente a la "unidad", *memes* y *emojis* auxiliares, pero en persona tienes toque, olor, más 5 sentidos de atención de la persona; va a depender de cada quién, pero si usas bien "eL efecto Leopi"©, los dos casos serán letales (para el objetivo).

Capítulo 3 • Herramientas avanzadas (del año 3000)

¿Cómo medimos esa calificación de 76 de la cita 4? Ejemplo (no te claves en la exactitud de los porcentajes):

- Ver señales de interés
- Cambio de estado de la víctima
- Entretener
- Poner imágenes
- Conversación lúdica
- Rapport

Si todo esto nos da un 100% en cuanto a tu desempeño, supongamos que se logró un 85% porque nadie es perfecto, pero a ese 85% de éxito en tus logros y en las reacciones de tu *date*, le restáramos que tuvo un mal día —eso es mal *timing* y afecta en un -5 nuestra maniobra— y también le bajamos otros 5, porque las señales de interés que dio ese día fueron pocas. Total de la maniobra en la cita 4: 75, pero le sumamos un puntito porque cuando llegaste a casa te mandaron un *Whatsapp* que decía:

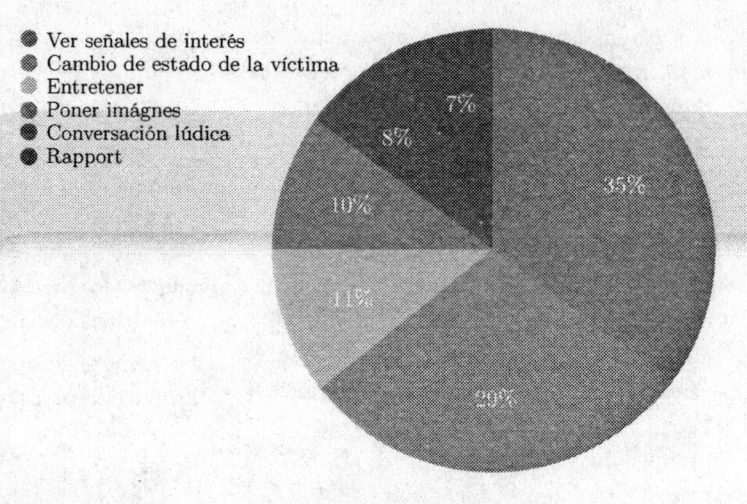

"Espero que hayas llegado con bien a casa, me lo pase increíble".

*Aclaración importante. Es muy diferente medir tu desempeño a medir la reacción de tu interlocutor. Tú pudiste haber hecho **todo** perfectamente, prestaste atención, fuiste entretenid@, **pusiste** imágenes en la mente de la otra persona, hiciste *rapport*, tuviste una buena conversación lúdica y, entonces darte a ti mism@ un 100% en desempeño.

Pero resulta que tu *date* no se rió tanto con tus chisparrines, no dio tantas señales de interés, por un rato te dejó hablando sola o solo y se metió a su celular, y además estaba en sus días... (sea hombre o mujer, eso es mal *timing*), entonces, ahí sí y a "ojo de buen cubero", aunque tu desempeño fue de 100, tu resultado fue de 50. En un caso como ese yo te daría un promedio de 75, -5 por falta de señales, -5 por mal *timing*, bueno... mmm lo bueno es que tenemos salud...

No, no te creas, es un 65 pero no importa porque sabes qué es lo que está pasando y sabes que la siguiente interacción tendrá un mejor *timing*, y también ajustarás tu campaña de *marketing* para que el siguiente resultado sea más alto; por ende, creando una curva más pronunciada hacia el infinito y así más posibilidades de lograr nuestros cochinos y morbosos… ok, ok nuestros románticos y tiernos objetivos pues.

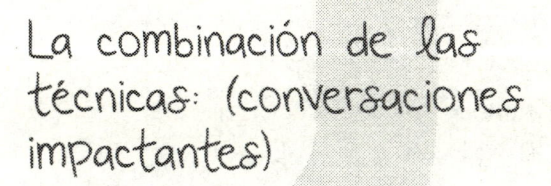

La combinación de las técnicas: (conversaciones impactantes)

Para mí, lograr ser una persona altamente impactante es la suma de muchas cosas en macro y en micro.

En macro se ven involucradas las siguientes:

- Timing de la otra persona
- Timing tuyo
- Timing en general
- El lugar de cada interacción
- La práctica a priori que hayas tenido
- Tus conocimientos de "el efecto Leopi"©
- Tus conocimientos en general
- Tu juego interno y tu juego externo
- Tu estado de ánimo en cada interacción
- Tu imagen
- Tu lenguaje no verbal
- Tu perseverancia y paciencia
- Tu versatilidad y capacidad de improvisación
- Tu habilidad de calibración de las otras personas
- Tu capacidad de adaptación a cambios

☞ Tus habilidades internas, tales como sentido del humor, histrionismo, habilidad para contar historias
☞ Tu seguridad, confianza, valentía, el no tener miedo al rechazo, a hacer el ridículo o a fracasar
☞ Tus habilidades externas (talentos, como tocar un instrumento, cantar, cocinar, bailar)
☞ Tu atención a los detalles
☞ Tu capacidad de escuchar y retener información importante
☞ Tu éxito en otras áreas de tu vida
☞ Tu reputación
☞ Lo que dicen tus redes de ti
☞ Tus amigos y tu familia
☞ Tu resiliencia
☞ Tu higiene
☞ Tu salud
☞ Tu capacidad de ser más estratégic@ y menos estomacal o visceral

Bueno, seguro faltan algunos más en esta lista pero ahora me quiero concentrar en el micro dentro de tus conocimientos de "eL efecto Leopi"©.

Dentro de las herramientas y técnicas de "eL efecto Leopi"© hay mucha PNL y muchas cosas mías y me gustaría ahora enseñarte y ejemplificarte cómo combinar esas técnicas en conversaciones. Las herramientas que yo uso más (no siempre y no todas al mismo tiempo) son la conversación lúdica, la estrategia, la paciencia, las bromas en serio, el vender el producto, el entretener y el divertir, el *rapport*, las anclas, el cambio de estado, el guardar información y la ilusión de alternativa. El chiste ahora que ya las dominas (porque obvio leíste mis libros anteriores) es que aprendas a combinarlas de una forma elegante y discreta, pero potente. Ejemplo real mío:

La chica en cuestión, en el mega ejemplo que te daré a continuación, es alguien a quien sólo veía pasar de lejos hace más de 15 años, nunca la conocí. Ella iba en el mismo gimnasio al que yo iba. Lo único que sabía era su nombre. La dejé de ver cuando dejé de ir a ese gym y hace algunos meses me acordé que existía. En esos días le di asesoría a una chica que resultó que toda la vida ha ido a ese gimnasio. Le pregunté si conocía a esta chica y resultó que sí. Me dio su apellido, y eso es todo lo que yo necesito para *efectoleopizar* a alguien; nombre y apellido.

Herramientas avanzadas (del año 3000)

La encontré en Facebook, le escribí, esperé mucho tiempo —porque cuando le escribes a alguien que no es tu contacto, tu mensaje se va a un fólder, que medio mundo ni sabe que existe— (TIP: busca esa carpeta en FB, se llama *message requests* y ahí adentro está *filtered message requests*; seguro encuentras algo que ni sabías que estaba allí), bueno, finalmente me contestó.

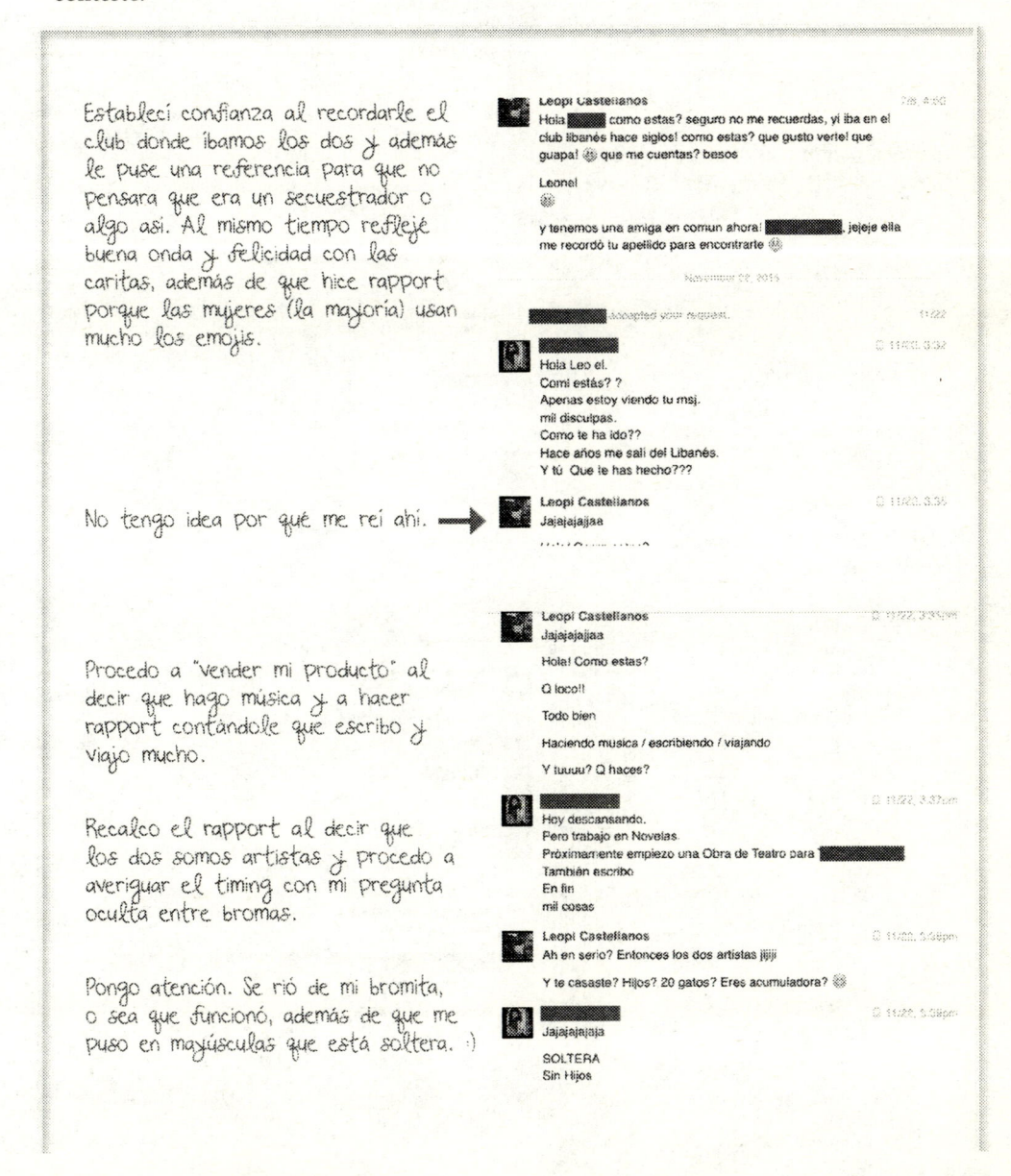

> Establecí confianza al recordarle el club donde íbamos los dos y además le puse una referencia para que no pensara que era un secuestrador o algo así. Al mismo tiempo reflejé buena onda y felicidad con las caritas, además de que hice rapport porque las mujeres (la mayoría) usan mucho los emojis.

> No tengo idea por qué me reí ahí. →

> Procedo a "vender mi producto" al decir que hago música y a hacer rapport contándole que escribo y viajo mucho.

> Recalco el rapport al decir que los dos somos artistas y procedo a averiguar el timing con mi pregunta oculta entre bromas.

> Pongo atención. Se rió de mi bromita, o sea que funcionó, además de que me puso en mayúsculas que está soltera. :)

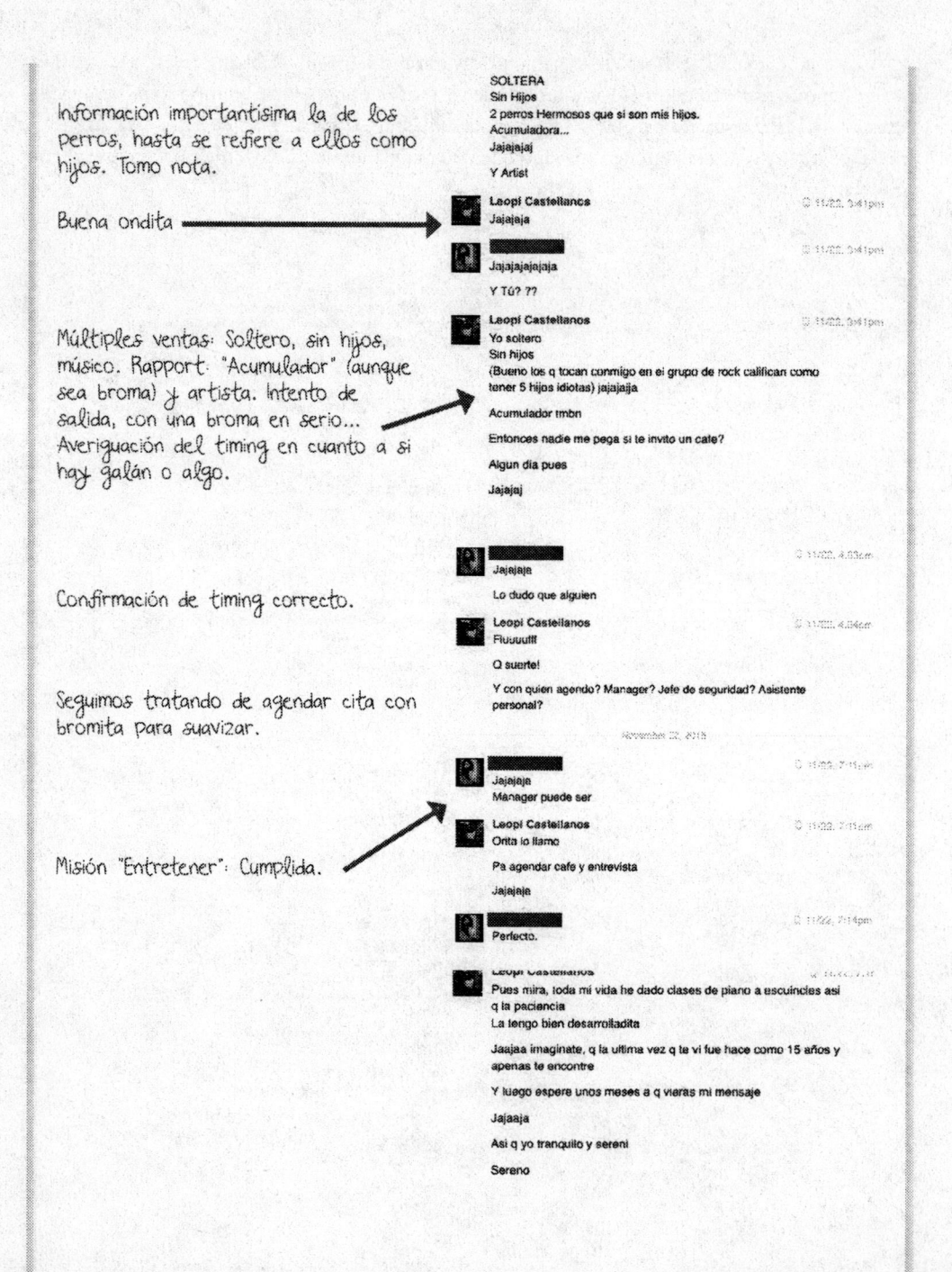

Capítulo 3 • Herramientas avanzadas (del año 3000)

Información importantísima la de los perros, hasta se refiere a ellos como hijos. Tomo nota.

> SOLTERA
> Sin Hijos
> 2 perros Hermosos que si son mis hijos.
> Acumuladora...
> Jajajajaj
>
> Y Artist

Buena ondita →

> **Leopi Castellanos**
> Jajajaja
>
> Jajajajajajaja
>
> Y Tú? ??

Múltiples ventas: Soltero, sin hijos, músico. Rapport "Acumulador" (aunque sea broma) y artista. Intento de salida, con una broma en serio... Averiguación del timing en cuanto a si hay galán o algo.

> **Leopi Castellanos**
> Yo soltero
> Sin hijos
> (Bueno los q tocan conmigo en el grupo de rock califican como tener 5 hijos idiotas) jajajaja
>
> Acumulador tmbn
>
> Entonces nadie me pega si te invito un cafe?
>
> Algun dia pues
>
> Jajajaj

Confirmación de timing correcto.

> Jajajaja
> Lo dudo que alguien
>
> **Leopi Castellanos**
> Fiuuuufff
>
> Q suerte!
> Y con quien agendo? Manager? Jefe de seguridad? Asistente personal?

Seguimos tratando de agendar cita con bromita para suavizar.

> Jajajaja
> Manager puede ser
>
> **Leopi Castellanos**
> Orita lo llamo
>
> Pa agendar cafe y entrevista
>
> Jajajaja

Misión "Entretener": Cumplida. →

> Perfecto.
>
> **Leopi Castellanos**
> Pues mira, toda mi vida he dado clases de piano a escuincles asi q la paciencia
> La tengo bien desarrolladita
>
> Jaajaa imaginate, q la ultima vez q te vi fue hace como 15 años y apenas te encontre
>
> Y luego espere unos meses a q vieras mi mensaje
>
> Jajaaja
>
> Asi q yo tranquilo y sereni
>
> Sereno

Alfaomega   Haz que suceda • Leonel Castellanos

Herramientas avanzadas (del año 3000) 45

> Venta. Toco piano (siempre ayuda) doy clases de piano a niños, o sea que me gustan los niños, y la búsqueda / espera de ella, hasta suena a trama de película.
>
> También vendimos una paciencia de santo.
>
> [chat screenshot]
> Veo que si...
> Que bueno que seas paciente
> Y raro que apenas hoy vi como 15 mensajes de personas que no conozco
> Raro que no los haya leído antes
> Pero bueno
> Ya eStán aquí
>
> Holaaaa
> Como estas
>
> Leopi Castellanos
> Jajaaa q haces despiert lunes a las 2:00 am ?!
>
> Leopi Castellanos
> Nayat creo que tenemos que graduarnos de facebook a whatsapp por que por aquí no esta funcionando esto jajajaja
>
> Pues listo
>
> El primer mensaje no me lo contestó.
>
> En lugar de tomármelo personal, lo utilizo para conseguir su WhatsApp.
>
> Tenemos su WhatsApp.

Esta fue apenas la aproximación inicial; si te fijas, el nivel de energía que reflejo en estos mensajes es alto (porque aunque sea un chat yo siempre cambio de estado como paso 1). Además de esto, siempre tengo claro que al principio de toda interacción, mi objetivo es que mi interlocutora cambie de estado y para eso hay tres misiones que cumplir sí o sí.

Si eres hombre tratando de impactar a alguien, tus misiones son:

☞ Entretener
☞ "Vender tu producto" (o sea, tú)
☞ Hacer empatía (rapport)

Si eres mujer tratando de impactar a alguien, tus misiones son:

☞ Poner imágenes en la mente de la víctima
☞ Vender tu producto
☞ Hacer empatía (rapport)

Haz que suceda • Leonel Castellanos   Alfaomega

Simultáneo a todo esto yo voy guardando información todo el tiempo, seguramente más adelante haré alusión a los perros, o le mandaré algún meme de perritos, o me tomaré una foto con algún perro muy bonito que me encuentre para mandársela, o ya si me quiero lucir, la primera vez que salga con ella, llegaré a recogerla con un detalle para ella y unas carnazas para sus perros.

¿Quiobo? ¿Continuamos?

Bueno, nos pasamos a WhatsApp. Como yo sé que soy mucho más letal en vivo que por WhatsApp, sigo persiguiendo la cita en persona.

Le puse imágenes de un restaurante muy rico y muy bonito y de ahí salió esto.

Aquí me voy a autorregañar y a criticar yo solo; siendo escritor, debería de ser más cuidadoso con mi ortografía, aunque sean simples mensajes de WhatsApp. Lo acepto, lo siento, tienen todo el derecho a zapearme. Yo hubiera regañado a un cliente si me enseñara mensajes con esa ortografía; *osomil. Pero antes de que me zapeen, podemos justificarlo como rapport porque ella, como casi todo mundo en WhatsApp, escribe así.

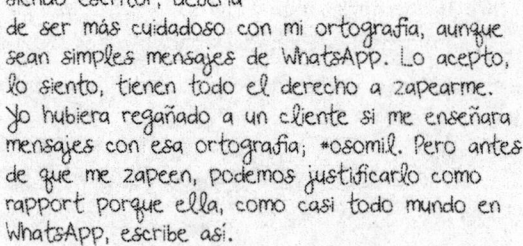

En el lado positivo, con todo y mis barbaridades ortográficas, ya era un poco obvio el resultado positivo de mi maniobra.

Herramientas avanzadas (del año 3000) 47

Una vez más, concentrado en la misión de entretenerla, pero en búsqueda de la cita.

Obviamente queremos que sepa que mis intenciones no son sólo amistosas, así que aquí me echo un piropito para que la víctima cambie de estado y al mismo tiempo sepa de mis negras y cochinas intenciones.

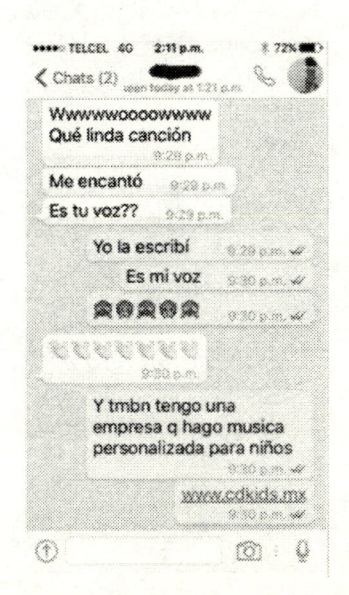

Esta captura de pantalla no tiene contexto, así que la voy a explicar. Le pedí que me contará de sus actividades y de las cosas que más le apasionaban. Luego ella me preguntó a mí y le conté un poco de Los Leftovers. Me dijo que quería oírnos, así que estratégicamente le mandé la canción que más le gusta a las mujeres.

Rematé vendiendo también mi otro negocio.

Si lo lees fuera de contexto, podría parecer presumido pero en contexto yo estaba contestando a tres cosas que ella me había contado antes.

Haz que suceda • Leonel Castellanos   Alfaomega

Capítulo 3 • Herramientas avanzadas (del año 3000)

Aquí hay un bonito ejemplo de una clásica broma en serio y una vez más, si te fijas, mi energía es alta y las respuestas de ella no sólo son positivas, sino que además son rápidas. Puedes apostar a que ella estaba sonriendo mientras chateábamos.

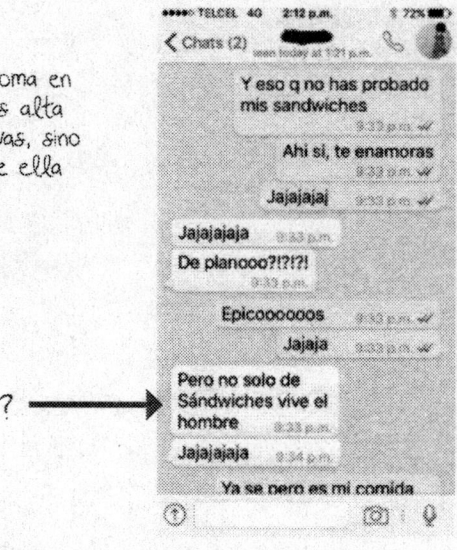

?

Aquí ella me estaba contando que viajaba a Guadalajara, a lo que yo contesté "gracias por invitarme, al fin que ni quería ir" (broma en serio); ella me dijo que iba al cumple de una amiga, y yo empecé con esta rutina para entretenerla.

Esto es como "celito" actuado.

Éste es un jueguito que funciona bien: tú le dices a la otra persona lo que te debería de estar contestando; hace que el chat sea lúdico y es, a fin de cuentas, una cascada de bromas en serio. Al mismo tiempo metes las ideas en su inconsciente.

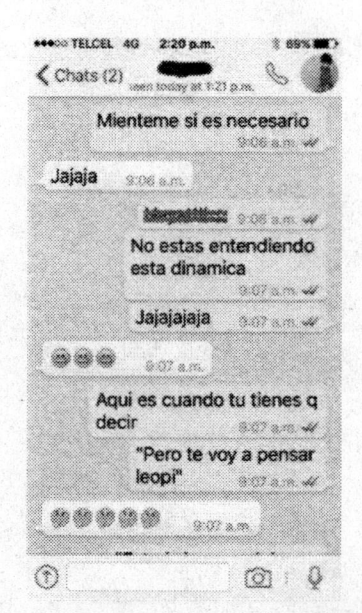

Alfaomega   Haz que suceda • Leonel Castellanos

Herramientas avanzadas (del año 3000)   49

Seguí con la serie de bromas en serio y al final de la tercera me puso los emojis de los gatitos impresionados; por un momento pensé que no había pegado bien mi broma, así que me curé poniendo el "chale" y el emoji.

Pero yo estaba equivocado, era oficial que la tenía muy entretenida y riendo, así que si algo funciona, sigue haciéndolo. Seguí con una broma más.

Y ya cerré con una obviedad de que todo esto eran bromas con el fin de entretenerla y hacerla reír.

Nótese que en toda esta conversación me he encargado de cumplir al pie de la letra las misiones de entretener y de vender el producto. Parecería que falta que haga *rapport*, pero ya lo había hecho mucho en conversaciones anteriores y con la letra de mi canción. Además de cumplir mis misiones, utilicé las siguientes herramientas:

- Averiguar timing
- Guardar información
- Uso de redes sociales
- Bromas en serio
- Cambio de estado mío
- Lograr el cambio de estado de ánimo de ella
- Poner imágenes en su mente
- Piropo light
- Demostrar valores agregados (lo de los sándwiches, la música, etc.)
- Paciencia
- Estrategia
- Conocimiento del sexo opuesto (en ningún momento presioné, ni fui sexoso)
- Uso de todos los medios posibles preproducidos (video de Youtube de mi canción)
- Ver señales de interés
- Mandar señales de interés

Y tú pensabas que sólo estaba chateando...
cosiii

Lo bonito es que todo esto ha sucedido en unas cuantas conversaciones. ¡Imagínate lo que puedes lograr haciendo esto en cada interacción individual, durante una campaña de *marketing*, midiendo la curva de impacto y tomando siempre en consideración el *timing*!

4

Lo que no habías pensado?

Lo que no habías pensado

Así es mi querid@ Watson... Hemos visto aquí y en los libros anteriores, cientos de cosas que sirven para impactar a alguien, y muchas de ellas pueden ser hasta lógicas u obvias, como tu seguridad, acercamiento, tus redes sociales, tu trato por chats, tu comportamiento en una cita, que no huelas a taco al pastor, etc.

Pero ¡hay muchísimas cosas que dependen de nosotros y que a veces pasamos por alto!, cosas muy importantes, así que me di a la tarea de enumerarlas y explicarlas para que no dejemos nada al azar.

👍 ¡Atención mis churumbeles, ahí les voy!

Tu postura. ¿Cómo se paran, caminan, mueven y desenvuelven los personajes que admiras? Piensa en Angelina Jolie, William Levy, o en alguien que tú consideres altamente atractivo, como por ejemplo, yo... ok, no... Te apuesto a que lo hacen sutilmente, seguros de sí mismos, con gracia, sexis, fuertes, firmes, etc.

Ahora, ¿cómo lo haces tú?, ¿parece que traes pañal sucio?, ¿corres como el personaje de "Phoebe" en *Friends*?, ¿te das pena tú solo o sola? Sí, eso pensé, lo siento.

Los puntos a considerar son los siguientes: ¿qué tan derech@ estás? Revisa la posición de tus hombros, si sacas el pecho, metes la panza, sacas las nalgas (no sacarlas de la ropa, sólo empujarlas para que no parezca que las dejaste en otro pantalón), si separas las piernas a la distancia de tus hombros, etc., porque todas las anteriores son señales de lenguaje no verbal y reflejan que eres una persona segura, y la seguridad atrae.

Hay que tomar en consideración no sólo tu postura estando estático o estática, sino cómo te sientas, cómo te mueves, cómo tomas los cubiertos, cómo caminas, cómo manejas, cómo bailas, cómo sonríes, vaya, hasta qué cara pones en una foto o en una *selfie* (*strike the pose*, con la rola "Vogue" de Madonna).

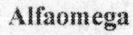

¿Qué vamos a hacer?

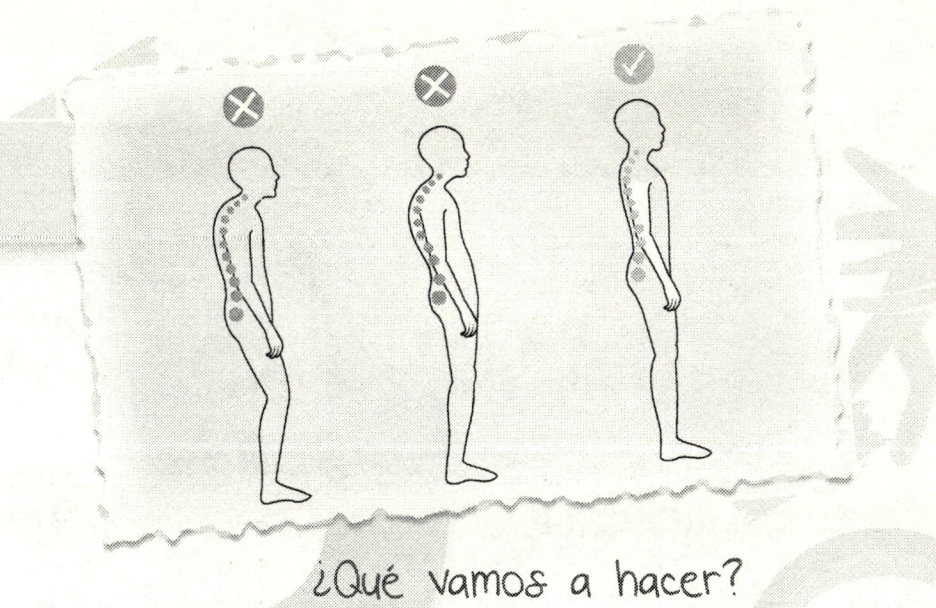

- Analizarnos en un espejo.
- Buscar videos de personajes que admiramos y probar imitarlos.
- Grabarnos en video hasta que nos guste como lo hacemos.
- Practicarlo hasta el cansancio.

Tu cara. No importa si estás guapo o linda, ¡oh, no!, no me refiero a eso; me refiero a las caras que haces (sin importar lo que dices): ¿qué mensaje mandan?, ¿podrías parecerle gracios@, inteligente, atractiv@, divertid@ a alguien sólo por ver tu cara? Esto, mi amig@ también es un músculo que se desarrolla. Ensaya tu cara de foto, tu cara sexy, y también la capacidad de ser más histriónic@ y poder hacer caras que enriquezcan las historias que cuentas al platicar con alguien.

Otro aspecto importante de tu rostro es que no tenga cosas que afecten negativamente tu mensaje o que distraigan, por ejemplo: acné, dientes amarillos, espinillas, un grano con pelos, grasa, etc. Cuídala, sugiero dejar esto a un profesional de la piel. Piénsalo así: ¿qué es lo que la gente más ve mientras hablas con ellos?

Exacto ✓

Lo que la gente va a estar viendo todo el tiempo mientras interactúas con ellos es tu cara, y si quieres que alguien te besuquee, lo que quieres que hagan es tocar su cara contra la tuya. Si tú fueras alguien más, ¿se te antojaría tocar tu cara?

Haz que suceda • Leonel Castellanos   Alfaomega

Ahora, además de estos factores faciales, ¿qué puedes hacer para darle más personalidad?

Si eres hombre, dejarte barba, o quitártela, usar *piercings* o no, usar lentes tal vez, etc. Ahora, si eres mujer, sé que ya eres experta en los polvos y en los delineadores, pero no está de más convertirte en la mejor automaquillista del mundo mundial y tener asesorías de imagen con expertos (yo tengo para recomendarte, no te preocupes, y no, no soy yo).

Cantar. Piénsalo, todo tu mensaje de conquista va a salir por un equipo de sonido: tu voz. Esto implica aprender qué son tu tono, tu timbre, tu respiración y la capacidad que puedas desarrollar para poder imitar voces, vocalizar, emitir un sonido más grave o más agudo, más sexy o más segur@, etc., y también aprender a controlar todo esto.

Lo anterior me llevó a una conclusión. Quiero que aprendas a cantar.

Una vez más, sería buena idea grabarte y también imitar o tomar cosas de personajes que te parezca que lo hacen muy bien. Fíjate cuánta gente se ve atraída por locutores de radio, cantantes, etc., vaya, hasta las líneas de

---

Tomar clases de canto es una gran idea por varias razones:

1. Aprendes a tener control sobre una serie de músculos que usas diario para comunicarte y persuadir o conquistar.

2. Si de verdad aprendes a cantar... eso es altamente atractivo, recuerda que siempre queremos "productos" con "valores agregados".

3. Es una gran terapia. Te ayudará a ser más relajad@, más feliz, vaya, está probado que hasta te hará más saludable.

4. Aprender a controlar tu voz te dará ideas para que cuando cuentes historias puedas hacerlo de una forma espectacular, al poder hacer voces graciosas o sexis, o imitar gente o personajes.

5. Cantante mata carita.

sexo telefónico son populares en gran parte por el tipo de voz que utilizan (me contó el primo de un amigo, a mí me gusta más en persona je je je).

Tu ropa. No se trata de gastar mucho, se trata de ser hábil. A fin de cuentas lo que te pongas le mandará un mensaje a tu interlocutor. Asegúrate de que la ropa que uses te quede a la medida, sea congruente con quien eres y el personaje que quieres presentar, que tu ropa se pueda adaptar a diferentes situaciones y objetivos, no esté pasada de moda por dos décadas, y tener algo para toda ocasión.

Yo canto bonito pero se escucha feo

Haz este ejercicio, sal a la calle y juzga a las personas por su ropa, adivina a qué se dedican y luego pregúntales qué hacen y esto te dará un ejemplo gigante de cómo también a veces tú serás juzgad@, a veces para bien y a veces para mal. Si sales con alguien que tiene muy presente el aspecto *fashion* de su vida, va a ser imperativo que seas un as de la vestimenta. ¿Sabes qué es la colorimetría? ¿Sabes qué color de ropa te queda por tu color de piel? ¿Sabes qué ropa te queda mejor por tu forma de cara o por tu forma de cuerpo? También es buena idea (si tienes la posibilidad) contratar a un profesional. Obviamente ese profesional no soy yo, yo uso un tipo de ropa muy específica que por lo general no es lo que recomendaría un experto en imagen o en modas; pero bueno, eso es porque siempre he sido así y me ha funcionado la antimoda.

Tu contenido. Éste es el tema en que nos hemos concentrado más durante todo "eL efecto Leopi"© pero no está de más agregarle cosas. Seguro te ha pasado que estás con un grupo de gente y hay un personaje carismático, gracioso, que resulta ser altamente atractivo al sexo opuesto, cuenta buenas historias y las cuenta de una forma espectacular. ¿Quieres poder hacer lo mismo? ¿Qué puedes aprender de este personaje?

Ahí te va:

Tarea 1. Haz una lista de tus mejores anécdotas: las más graciosas, la más ridícula, la más peligrosa, la más tierna, y repasa en casa la manera de contarlas con detalles, actuación, emoción, efectos de sonido, voces de personajes, acentos de países y todo lo que puedas usar para enriquecerla y que todo mundo quiera escucharte contarlas. Si no tienes buenas anécdotas no importa, puedes usar las de tus amigos, familiares, cosas que hayas leído o visto en películas, o hasta en videos en redes sociales. Grábate, mírate y júzgate, hasta que te guste. Cuando ya te gustes, pide a amigos que te vean, te juzguen y no tengan piedad. De esta forma desarrollarás ese talento, pero además desarrollarás el músculo de aceptar críticas (que no es nada fácil).

Tarea 2. Mira lo que hacen las personas que hacen monólogos en teatro, los standuperos, los conferencistas de TEDtalks; analízalos, estúdialos, toma las cosas que puedas usar, y diseña y practica tu discurso, como si fueras a presentarte en standup o a dar una conferencia, aunque no lo hagas, este conocimiento te va a servir muchísimo. ¡En una de esas te animas y hasta tomas clases de standup! Esto es una gran idea porque además de desarrollar ese talento también practicarías perderle el miedo a hacer el ridículo, quitarte el miedo a hablar en público; es una gran terapia para enfrentarse a los demonios y traumas que tenemos del pasado; y además te pone enfrente de desconocid@s en un escenario (metáfora de lo que pasará en las siguientes interacciones humanas que vivas de aquí al 2090)...

¡oportunidad de ORO!

El lugar. Hay lugares que van a ayudar a que las cosas fluyan en una interacción romántica, o de ligue, o en una cita de cualquier índole (en una terraza a lo lejos, se escucha "Fly me to the moon" de Frank Sinatra; *ay, cuánta romanticitud*). Ejemplo: si sales con alguien por primera vez asegúrate de ir a un lugar que físicamente sea agradable a la vista. De ahí el clásico ejemplo de una cena a la luz de las velas, obviamente la luz de las velas es más atractiva que un foco ahorrador de luz (aplica también para tu casa, pon luz cálida, no blanca como de hospital).

A menos que tu cita sea cineasta, no recomiendo el cine; es mejor un lugar donde puedas hablar y demostrar las habilidades aquí descritas, por lo menos para las primeras citas.

Si ya tienes información previa de tu objetivo, como por ejemplo lugares preferidos, comida preferida, o lugares a los que le gustaría ir (esto lo puedes averiguar en Facebook, Google o con amigos en común), usa esta información a tu favor.

Si eres hombre, no le digas a la chica "vamos a donde tú quieras", o que te da igual; he oído a infinidad de mujeres quejarse de esto. Tú, mi querido tornillo, eres el que tiene el control, el que produce, el que rescata a la princesa del castillo del dragón así que ¡ten un plan! Haz una reservación en un buen lugar, vístete para la ocasión, haz una *playlist*, lava tu coche, ten un plan B, lleva suficiente lana, chicles, condones, y mete en la cajuela cualquier cosa que pudieras necesitar, etc.

¡Man up!

La música. Piensa en una película. ¿Cómo sería *Star Wars*, o *Diario de una pasión* sin música?, o ¿cómo serían con la música incorrecta? El *soundtrack* de tu cita es bien importante, así que procura tener la música correcta en tu coche, que la música del lugar al que vas a ir o a llevar a tu víctima le guste.

Tarea: Graba *playlists* para diferentes *moods*, porque vas a necesitar uno para ir de fiesta, otro para que sea música de fondo en tu plática, otro para el momento clave romántico, etc. La música puede ser tu mejor aliada si sabes utilizarla, y si sabes hacerla, bueno, ¡agárrate!, porque "músico mata carita". Un punto importante es que, si usas un *playlist* para motivarte, hazlo con la música que te gusta a ti, pero si vas a hacer un *playlist* para meter en cierto *mood* a tu cita, tienes que hacerlo con la música que le guste a tu víctima.

La música también será un factor importantísimo para que cambies al estado que tú quieras proyectar en tu cita / junta.

El olor. No menosprecies el poder de este sentido, que a veces no es ni tomado en cuenta. Si eres tornillo, debes recordar que el aparato olfativo de las mujeres es mucho más potente que el de los hombres. Un poco de loción, que tu coche huela bien, que tu casa huela bien (si es que la cita va a ser ahí), vaya. Si puedes, hasta controla que el lugar adonde asistan no huela mal (por eso, si es en la recién estrenada CDMX, te recomiendo alejarte del aeropuerto, esa zona huele muy mal). Si sabes un poco de Programación Neurolingüística recuerda: no quieres que tu cita te asocie con un mal olor.

"Fulgencio me recuerda al callejón de atrás del restaurante de mariscos", ew.

Chicas, ustedes dominan el arte de la "perfumación", pero tienen que recordar que a veces menos es más, ponte perfume pero no abuses; yo hace unos meses cené con una amiga y literalmente no pude terminarme mis costillitas ni pedir postre porque ya no podía con lo fuerte que olía esta chica. Así que salí corriendo a tomar aire.

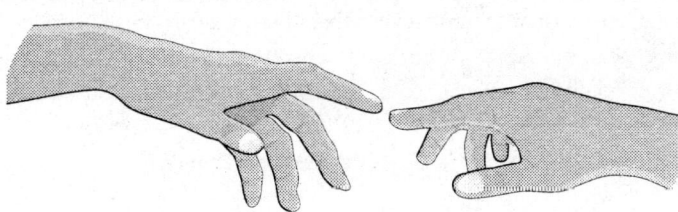

Tu toque. Toca, esto es importante, si puedes tocar desde el principio de la interacción con otro humano, romperás una barrera social, y podrás transmitir confianza, calor y energía, pero pon mucha atención a la reacción, debes recordar que hay personas a las que no les gusta que las toquen y son *freakies* de su espacio personal. Obviamente y como lo vimos en los libros anteriores, el toque será utilizado también como ancla, cuando la persona con la que estés cambie de estado. Encontrar buenas excusas para tocar (si ya estás en ese nivel de confianza, también te hará avanzar), como por ejemplo ir a bailar o a una clase de baile o abrazar si hace frío o si pasa algo que dé miedo, dar la mano para atravesar un lugar concurrido, subir un escalón, poner la mano en la espalda para dar el paso, etc.

Si eres mujer y el chico te interesa, ponle en charola de plata el tocarte; como por ejemplo, ofrécele tu mano para que él te ayude a salir de un coche, a pararte, a subir un escalón, etc.

Recuerda que querer tocar es una señal de interés, el hecho de que lo hagas le dará una señal inconsciente a la otra persona, una señal de que podrías estar interesad@, y también recuerda que si no lo haces, la otra persona podría estar interpretando una falta de interés.

Tu energía. Si es que crees en este tipo de cosas o no, no me importa, porque a fin de cuentas hay energías que son obvias. Quiero que antes de ir a una cita o de cacería te asegures de estar en el estado de ánimo y energético más potente posible. Si eres una persona que normalmente se duerme temprano, entonces échate un *power nap*, o un "coyotito" —como decimos en México— de 20 minutos antes de salir para recargar energía. Si vas a beber alcohol, come algo antes, no mucho pero sí come, si no vas a beber alcohol, come MUY poquito, y si vas a ir a cenar con tu *date* no pidas algo grande ni pesado que pueda bajar tu nivel de energía.

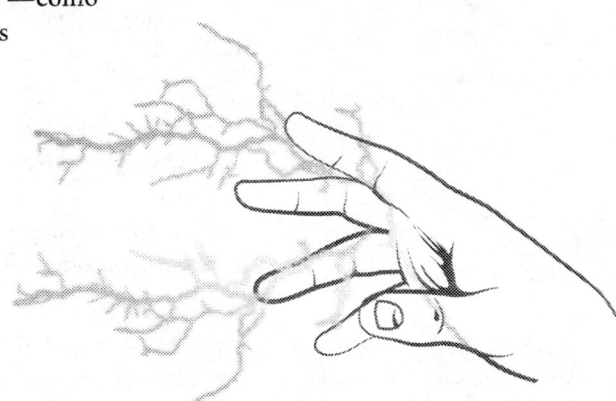

Asegúrate de mantener un estado de alta potencia (espero

que hayas practicado el cambio de estado muchas veces antes de esto) porque tener este estado hará que seas más atrevid@, emocionante, tengas mejores ideas, y sobre todo que tengas más velocidad de respuesta; cosa que hará que seas muy entretenid@, carismático y estés preparad@ para todo imprevisto que pueda suceder durante tu maniobra. Piénsalo: los deportistas de alto rendimiento, los actores, los músicos antes de un concierto no comemos, o comemos muy poco, eso nos mantiene alertas, despiertos y con emoción, bueno, y hambre ja ja ja.

Tu atención a los detalles. ¿A cuántas mujeres hemos escuchado quejándose de la falta de atención a los detalles por parte de los hombres? Ahora, esto no es nada más algo que las mujeres quieran; es algo que todos queremos, sólo que con diferentes presentaciones.

Una cosa son los detalles a los que nos referimos diario, como una llamada, un mensaje, un regalito, una preocupación por alguien, una ayuda para lograr algo, un favor, etc., y otra cosa es literalmente la atención a los detalles.

Me refiero a que todo, TODO esté cuidado. La suma de todo lo anterior, todo lo que vimos en los libros anteriores, tu presentación, imagen, redes sociales, que para ahorita ya deberían de ser obvios.

Pero aún hay más, porque hay detalles ya muy clavados, pero que también hacen diferencias, como por ejemplo: el olor de tu coche, el olor de tu casa, la comodidad del sillón de tu casa, lo bonita y arreglada que puedas dejar tu casa si vas a llevar a alguien, la suavidad de tu ropa, la iluminación, la música de fondo, el pasar o no a una gasolinería con tu cita, el fondo en tus fotos, tu corte de pelo;

cuando digo todo me refiero a TODO.

La atención a los detalles tiene que ser también personalizada. Ir a un lugar donde hacen la comida preferida de tu *date*, un lugar original pero que tenga que ver con los gustos de tu cita, tal vez ponerte la loción que le gusta a él o a ella. Esto puede llegar a ser delicadísimo dependiendo de la persona. Ejemplo: A mí me gustaba mucho una chica, y una vez me invitó a su cumple en un lugar llamado "La Tequilería". Yo nunca había ido allí, así que lo busqué en internet y descubrí que era un cantabar sinaloense y de música de banda.

Me van a perdonar, pero no tolero 1.5 segundos de esa música, fue tan fuerte el *antirapport* que hice con esa chica, que no sólo no fui a su cumple, hasta se me quitaron las ganas de salir con ella. Ya sé, está exagerado, sé que tengo que ir al psiquiatra, pero ¿qué tal si por no poner atención a los detalles, sin querer haces *antirapport* con tu *date*? Vale la pena investigar y ponerle atención a todos los detalles (aquí entraría una canción horrible de banda, pero de ser así, tendría que quemar el libro y ahorcarme en el árbol más cercano).

Tu capacidad de escuchar y poner atención. Mil veces he escuchado a mujeres refiriéndose positivamente acerca de un hombre porque es bueno para escuchar, ya hablamos también de ser buenos para hablar, pero ahora es un tema un poco más profundo.

¡¡¡Atención!!!

En este punto me refiero a aprenderte fechas, interesarte en los temas que apasionan a la otra persona, memorizar la película preferida, la comida favorita, el libro que quiere conseguir y aún no lo logra, el "problema" que tiene la persona en la cual tal vez tú podrías ayudar al ser comprensiv@, empátic@, cómplice, ponerte del lado de la persona, si está teniendo una diferencia de opiniones con alguien más, dándole su lugar.

En este último punto me refiero a que si la persona ya es tu pareja, presentarla como tal, si se te acerca alguien más a hablar o algo, no sólo presentar con título a tu pareja, sino además no dejarla sola, no pasar demasiado tiempo con la otra persona, etc.

It is a mystery

Tu "misteriosidad". No eches toda la carne al asador a la primera, no reveles toda la información en las primeras interacciones y algunas cosas déjalas a la imaginación o juega el juego de "no te lo puedo decir todavía". Por ejemplo, si en una primera cita la otra persona quedó impactada porque le dijiste o vio que cocinas muy rico, no uses en esa misma cita la carta de que tocas un instrumento musical; deja ese dato (valor agregado) para otro día. Tampoco seas obvia u obvio en las primeras interacciones; queremos que, de pronto, la otra persona dude en momentos qué está pasando y le cause intriga y, por último, algunos datos de plano no se los digas hasta después. Por ejemplo, si te pregunta tu segundo nombre, le dices que eso sólo lo sabe la gente muy cercana a ti, pero que con el tiempo podría ser que se lo digas.

El desapego a tu teléfono. Híjolas, ésta es importantísima en estos días. Yo, igual que tú, tengo adicción severa a las redes sociales, me pica la cabeza si tengo mensajes en WhatsApp sin leer, negocios, emails, notificaciones de mi página de internet y clientes con emergencias; te entiendo, pero si quieres ser impactante en una cita, tienes que darle al interlocutor el 100% de tu atención el 100% del tiempo.

Ponlo en silencio, pon la pantalla hacia abajo o de plano déjalo en la bolsa. Lo podrás checar si tienes que ir al baño o si la otra persona lo hace, de otra forma, ni se te ocurra. Si todas las generaciones pasadas sobrevivieron sin el celulcar, tú deberías de poder hacerlo por unas cuantas horas,

EL 100 DEL 100

¡aguanta hij@!

ah

Tu tranquilidad. A fin de cuentas hay que recordar que somos animales, y el hecho de que alguien esté nervioso va a alterar el mensaje, el concepto, la idea tratando de transmitirse. Piensa en un concierto, hasta se disfruta más cuando un músico o un cantante hace que algo difícil se vea fácil y relajado. Además, la tranquilidad de esta persona hace que se pueda concentrar en lo que sí quiere transmitir: emoción, asertividad, felicidad, *sexyness*, etc.

Lo que no habías pensado

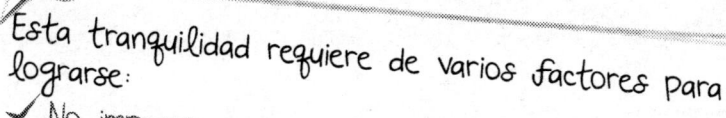

> Esta tranquilidad requiere de varios factores para lograrse:
> - ✓ No improvises.
> - ✓ No hagas películas de terror en tu cabeza.
> - ✓ Tienes que estar dispuest@ a perder a la otra persona.
> - ✓ Incluye en tus cambios de estado el factor tranquilidad.
> - ✓ Adopta una posición que refleje un lenguaje no verbal de tranquilidad.
> - ✓ Concéntrate en tu respiración.

Tu autocontrol. Te van a dar ganas de hacer muchas cosas que en el momento de la interacción no sólo no van a ayudar, sino que podrían afectar negativamente. Así que aquí te dejo la lista de lo que tienes que controlar:

- 👁 Tus ganas de ver a alguien más que pasó por atrás de la persona con la que estás hablando.
- 👁 Tus ganas de revisar tu teléfono.
- 👁 Tus ganas de tocarle partes blandas a la chica (si eres hombre).
- 👁 Tus ganas de acomodar tus partes blandas (también si eres hombre).
- 👁 Tus ganas de hablar de los temas que ya quedamos que están prohibidos.

Capítulo 4 • Lo que no habías pensado

- 👁 Tus ganas de proponer sexo o hacer bromas sexosas (una vez más, ésta aplica si eres hombre).
- 👁 Tus ganas de definir la relación (ésta es más femenina, aplica en las primeras ocho citas).
- 👁 Tus ganas de comer o beber mucho en esa salida.
- 👁 Tus ganas de cualquier cosa que tu date no tenga ganas de hacer.
- 👁 Tus ganas de presumir.

Tu honestidad. Ésta tiene su chanfle. Creo que es obvio que TODOS, y cuando digo todos me refiero a TODOS, mentimos un poco en las primeras citas. Por ejemplo, mujeres: ¿qué creen que estábamos pensando en la primera cita con ustedes? La verdad, seamos brutalmente honestos. Pues sí, estábamos pensando "ojalá que afloje hoy", lo sentimos pero es la verdad. Y ustedes niñas... ¿todo es de verdad? Tú no eres de la altura que dicen tus tacones, ni del tono de piel de tu maquillaje, ni del largo de pelo de tus extensiones... sumémosle el *double-push-up* de Victoria, jean levanta-cola, la *selfie* con harto filtro (ya sé, ya sé, no tengo autoridad moral para hablar de eso). Pero mi punto es: Quiero que seas honesta y honesto el 90% del tiempo, siempre que se pueda y te convenga, pero tampoco te pases, porque hay cosas que vas a confesar pero cuando la otra persona ya esté, aunque sea un poquito, interesada, no queremos que se espante.

Ejemplos

Hombre: tal vez cuando ella ya confíe en ti, te quiera un poco, te admire y le caigas rebien, piense que está padre que seas sexoso, porque a ella le encanta el sexo, pero si le cuentas que eres miembro platino de Youporn y que fuiste a la convención en Las Vegas, en la primera cita, pues obvio se va a espantar y te van a abrir como alita de pollo.

Mujer: tal vez cuando él ya muera por besarte, abrazarte, tocarte, etc., sea más fácil decirle que ya reservaste el jardín, la iglesia, el vuelo a la luna de miel y que ya compraste la tela fucsia para las ocho damas que los acompañaran en ese evento, que él ni siquiera ha imaginado.

Todas estas cosas aplican siguiendo porcentajes altos de nivel de interés de acuerdo a la curva de impacto.

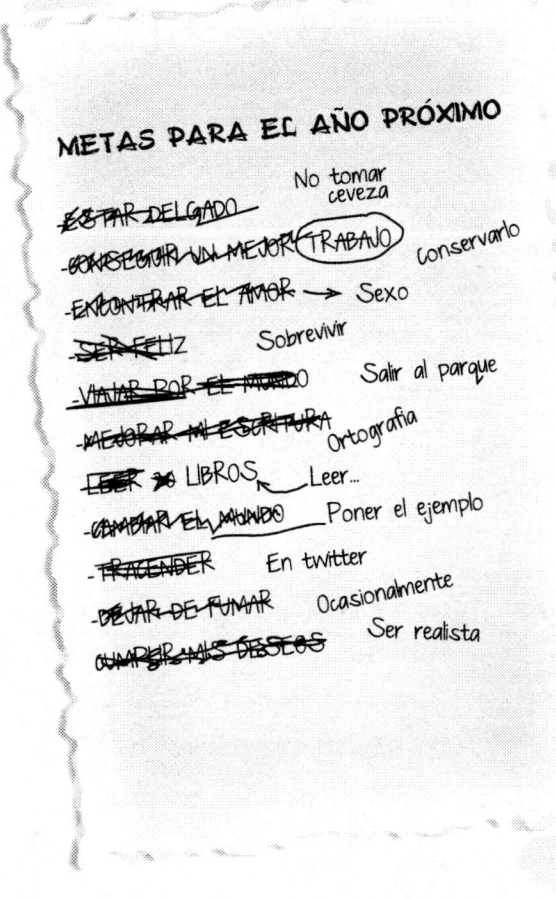

METAS PARA EL AÑO PRÓXIMO

~~ESTAR DELGADO~~ No tomar ceveza
~~CONSEGUIR UN MEJOR~~ (TRABAJO) Conservarlo
~~ENCONTRAR EL AMOR~~ → Sexo
~~SER FELIZ~~ Sobrevivir
~~VIAJAR POR EL MUNDO~~ Salir al parque
~~MEJORAR MI ESCRITURA~~ Ortografia
~~LEER 20 LIBROS~~ Leer...
~~CAMBIAR EL MUNDO~~ Poner el ejemplo
~~TRASCENDER~~ En twitter
~~DEJAR DE FUMAR~~ Ocasionalmente
~~CUMPLIR MIS DESEOS~~ Ser realista

5 Carisma irlandés

Owen Fitzpatrick
Speaker

Capítulo 5 • Carisma irlandés

Señoras y señores, Master Trainer, Owen Fitzpatrick.
CARISMA
(Lean esto con acento irlandés por favor)

> Éste es Owen
> Owen es extremadamente atractivo y sexy, maravilloso e inteligente.
> Owen nunca usa libros para expresar sus locas ideas acerca de sí mismo.
> Owen es una leyenda.
> Sé como Owen.
> Aceptémoslo, no vas a poder.
> Owen es demasiado increíble.

Conocí a Leopi en 2002 en un curso de Richard Bandler en Puerto Vallarta. Él estaba haciendo la traducción simultánea del curso, al mismo tiempo que tocaba el teclado durante las inducciones, y me dejó impresionado lo talentoso que es. Leopi es muy bueno haciendo muchas cosas, pero además de todo remata haciéndolas de una forma en la que cautiva a su público por su carisma y su encanto.

Así que ahora, casi quince años después, cuando me pidió que escribiera un capítulo para su último libro, acepté... pero debo confesar que cuando se trata de carisma sentí que su petición era el equivalente a que Jimi Hendrix le pidiera a alguien que escribiera en su libro acerca de cómo tocar la guitarra de una manera brillante.

De cualquier manera, desde que empecé a explorar las áreas de psicología y de Programación Neurolingüística, tuve un interés gigantesco en el carisma y el encanto. Siempre he querido saber qué hace que una persona enganche e impacte y otra no. ¿Es algo que se puede aprender?, ¿es algo que se puede perfeccionar?, ¿o es simplemente un talento con el que algunos suertudos nacen?

Después de más de dos décadas de estudio en ésta área, y habiendo enseñado mis ideas de carisma a miles de personas del planeta en más de 28 países, llegué a la conclusión de que definitivamente puedes aprender a convertirte en una persona encantadora y carismática.

Esto no quiere decir que no haya una cualidad natural. Por supuesto que todos nacemos con algún nivel de habilidad natural y diferencias individuales, pero una vez tras otra he visto ejemplos de personas que me han demostrado que se puede aprender el arte de la comunicación carismática. Mis seminarios y talleres han ayudado a mucha gente a mejorar en entrevistas, ventas, presentaciones, citas, negocios, a hacer amigos, sólo por mencionar algunas cosas.

Ser bueno@, encantador@ y carismátic@

Entonces, ¿cuáles son las claves más importantes para el carisma?, ¿cuáles son los elementos críticos involucrados en ser alguien más carismático?

Ser encantador@ o carismátic@ no quiere decir necesariamente que seas una buena persona, más bien significa que eres simplemente más efectivo para comunicarte y puedes crear mejores impresiones en otras personas. Es por eso que quiero agregar aquí algo que para mí es muy importante… ser buen@, encantador@ y carismátic@. En otras palabras, la frase célebre del famoso filósofo "El tío Ben": "Con un gran poder viene una gran responsabilidad". Antes de ser un maestro del encanto y el carisma, creo que es muy importante que puedas asegurar que harás todo lo posible para hacer una diferencia positiva en la vida de otras personas.

> Primero, ¿qué es el encanto? Mi entendimiento del encanto envuelve la habilidad de hacer que le gustes a otras personas. Con esto en mente, ¿cómo puedo comprender el carisma? Carisma es el arte de impactar a otras personas para que se enganchen con lo que dices.

Cuando eres súper encantador@ empiezas a ganarte a la gente y la gente quiere estar cerca de ti. Cuando eres supercarismátic@ las personas se aferran a tus palabras y tu influencia aumenta masivamente. Sabiendo esto, siempre trato de asegurarme de que la persona a la que se lo enseñe esté planeando usar estas habilidades para ayudarse a sí misma y a otros, con las intenciones correctas. Además, en mi experiencia, cuando intentas usarlas sólo para beneficiarte tú mismo, el karma tiene una manera increíble de cobrarte y casi invariablemente te vas a arrepentir.

Las claves del carisma

Una vez que tienes la intención correcta, ¿cómo haces para convertirte en una persona más carismática? Bueno, están los elementos obvios: sonreír, recordar el nombre de otras personas, tender un saludo de mano firme, hacer elogios, interesarse en los temas de otros, escuchar con atención. Ésas son las claves principales para encantar a otra persona, pero hay dos aspectos que a veces no se enseñan y son esenciales para esto.

La primera es la manera en la que ves a la otra persona. Aunque no lo creas, lo que sea que estés pensando tiene una influencia muy grande en cómo otra persona vive la experiencia de estar contigo. Por ejemplo, si no tienes ganas de estar en una conversación, aunque apliques todas las herramientas superficiales, la otra persona sentirá que algo está mal. Los humanos revelamos cómo nos sentimos a través de millones de señales paraverbales y no-verbales.

Tal vez las personas no entiendan la señal conscientemente, pero definitivamente la van a "sentir".

Es por esto que la clave está en tener en tu mente la pregunta correcta que te ayude a entrar en la mentalidad más carismática posible. Si te haces las preguntas: "¿Qué es lo que me gusta de esta persona?" y "¿Cómo es similar a mí esta persona?", y sigues repitiéndote éstas preguntas, encontrarás beneficios gigantescos. Tu cerebro responderá a estas preguntas y entonces naturalmente mandarás esos millones de señales de que te gusta esta persona y ellos lo "sentirán".

Dos. Conviértete en un estudioso de la otra persona. ¿Qué es importante para él o ella? ¿Qué las mueve? ¿Qué las hace sonreír? ¿Qué las hace reír a carcajadas? ¿Qué las hace felices? Aprendiendo acerca de tu audiencia puedes conectar naturalmente con ellos o ellas y proyectarte positivamente.

Siempre que me invitan a dar conferencia para una compañía en particular o en otro país por primera vez, quiero saber qué es relevante para ellos. Quiero entender el humor que usan y los chistes locales.

Entre más los comprenda, más me comprenderán ellos a mí. Eso asegura que yo sea mucho más encantador y carismático en su percepción.

Entonces, ¿cuáles son los aspectos esenciales de convertirte en un comunicador con más enganche y carisma? Bueno, yo creo que el carisma tiene dos claves esenciales. La habilidad de estar cómod@ al ser auténticamente tú, y la habilidad de expresarte de una manera interesante y entretenida. De alguna forma es como si hubiera dos mundos de carisma. El juego interno y el juego externo.

El juego interno significa que tienes que empezar a gustarte y a amarte, construir tu autoestima, aumentar tu seguridad, superar lo miedos que tenías al rechazo, al fracaso y al ridículo. El juego externo significa que debes aprender cómo comunicarte de una forma más poderosa con tu lenguaje verbal, tu voz, tus palabras, tus presentaciones y la forma en que cuentas historias.

Una parte gigante de lo que hace Leopi, es justo trabajar en estos aspectos, así que me voy a enfocar en una o dos cosas que recomiendo mucho practicar, para mantener el proceso fluyendo.

> Desde una perspectiva interna, yo creo que una de las mejores cosas que puedes hacer es empezar a desarrollar más tu amor propio. Para mí, el amor no es sólo un concepto, es un verbo. Es algo que haces. Así que amarte a ti mism@ involucra hacer cosas que demuestren tu amor por ti. ¿Cuáles son las cosas que puedes hacer para sentirte amad@ por ti mism@? Comprarte regalos, hacerte elogios, echarte porras, invitarte a una buena cena, pasar tiempo trabajando en ti. Cuando empiezas a hacer lluvia de ideas acerca de cómo puedes amarte activamente y te comprometes a hacer estas actividades y acciones, encuentras que te empiezas a sentir cada vez más cómodo contig@ mism@.

También puedes empezar a examinar los miedos que tienes al rechazo, al fracaso y al ridículo y redefinirlos. Por ejemplo, es común tenerle miedo a estas experiencias porque nos preocupa lo que significan. Cuando las defines de una forma diferente y te comprometes a ver al rechazo, al fracaso y al ridículo con un nuevo significado, obtienes la libertad de convertirte en la mejor versión de ti mism@.

Desde un punto de vista externo, empieza a poner atención a cómo hablas y cómo caminas, ¿qué tipo de postura tienes normalmente?, ¿cómo suena tu voz? Éstos son aspectos con los que vienes ya incluido, pero la realidad es que cuando les pones atención, adquieres la habilidad de cambiarlos. Cuando te veas en un espejo, grabado en video, o te escuches en audios, pregúntate como qué tipo de persona te ves o te escuchas y cómo podrías ajustar esta postura y esta voz para convertirte en alguien más interesante y con más enganche. Es algo bastante simple pero extremadamente poderoso.

Cuando se trata de contar historias, hay un par de cosas que harán que enganches aún más cuando te escuchen. Primero, contar una historia es una forma mucho más carismática de demostrar un punto que el patrón de argumentación normal que usa la mayoría de las personas y que involucra una seguida de estadística o evidencias declaradas. Las historias afectan las emociones de otras personas, no su lógica. Ahora, para hacerlo aún más impactante, asegúrate de sentir tú primero lo que quieres que la otra persona sienta.

Los estados emocionales son contagiosos; cuando tú los sientes, ellos lo sentirán. Por último, las historias deben de demostrarse, no sólo contarse. Cuando ves a Leopi contar una historia, él se convierte en varios personajes en frente de tus ojos: asegúrate de hacer lo mismo y adoptar las diferentes características de cada uno de los personajes de tus historias. Entre más hagas éstos, más estarás sumergiendo al público en tu historia.

Irish Charm

Estoy extremadamente orgulloso de mi origen irlandés. Una nación pequeña pero muy popular. Siempre hemos sido conocidos por nuestro encanto y nuestra visión divertida acerca de la vida. Nuestras tradiciones están llenas de "contar historias", poesía y música. Hay una piedra en un castillo al sureste de Irlanda en el pueblo de Blarney conocida como la piedra de Blarney. La leyenda dice que cualquiera que bese esta piedra recibirá el don de "Gab". "Gab" es una forma de decir "boca" en Irlanda, la habilidad de hablar con un don.

No estoy seguro de si besar a una piedra te vaya a hacer más carismátic@, pero si sé que entender la filosofía que tenemos los irlandeses acerca del mundo probablemente pueda.

Es con nuestra actitud de bienvenida y diversión para con los demás... Es porque siempre estamos buscando el "CRAIC" (palabra irlandesa para describir "diversión")... Y es cuando usamos nuestra propia forma del idioma inglés para entretener cuando hablamos y cuando buscamos formas de hacer que las demás personas sonrían... Ahí es cuando estamos empezando desde la mejor perspectiva posible.

Para mí, el encanto... incluso el encanto irlandés... empieza dentro de los confines de tu mente. Empieza cuando decides escoger una nueva forma de ver el mundo. Leopi ayuda a mucha gente a mejorar masivamente la forma en que se relacionan con otros. No lo hace simplemente sonriendo o recordando nombres. Lo hace ayudándote a cambiar la manera que piensas acerca de la comunicación.

Para mí, desde que lo conocí, él siempre ha tenido la forma más útil de pensar acerca de los demás, ahí yace el aspecto más importante del encanto y el carisma. Empieza con tener una mente encantadora.

Para más información acerca de Owen entra a
www.owenfitzpatrick.com o para videos gratis de carisma.
También puedes saber más de Owen regalándole un like a su página de
Faceboook: Owen Fitzpatrick International.

Entremos a los temas del corazón...

6

Álvaro Bonilla, Naxos. ¿Y si mi objetivo tiene novia?

Capítulo 6 • Álvaro Bonilla, Naxos. ¿Y si mi objetivo tiene novia?

Chiquillos y chiquillas: escogí este tema para la participación de mi amigo "Naxos" de Colombia porque de verdad que este *man* ve cosas que nadie más ve. Él es Álvaro Bonilla —experto en seducción & relaciones— psicólogo y filósofo de la Pontificia Universidad Javeriana, *master trainer* en PNL, avalado por Richard Bandler, Life Coach, avalado por la ICF, máster y especialista en psicología del consumidor de la Universidad Konrad Lorentz.

Resulta ser pues, que viste / conociste / te gustó y para colmo te clavaste con la persona ideal. Tiene TODO lo que buscas. *Looks*, porte, lana, cuerpo, actitud, sentido del humor, vive cerca, acabó la primaria, trabaja, no le huelen los pies, etc., tiene todo, todo, todo... tan todo que también... tiene novi@. En las sabias palabras de Condorito: ¡Plop!

Álvaro, que es un experto en seducción de mujeres, o sea, él aconseja a hombres sobre cómo seducir a una mujer, nos hablará del tema de "¿qué hacer cuando ella tiene novio?"; y yo, que me especializo en ayudar a mujeres a encontrar pareja, te hablaré en el sentido inverso. ¿Qué hacemos si ella tiene novio? ¿Vale? Bueno sin más preámbulo, los dejo con el *colombian master*... Naxos.

Hoy voy a hablar de un tema del cual he recibido casi el 70% de las consultas que recibo en mi mail. Las consultas son algo así como esto: "Me gusta cierta mujer, de tal y tal sitio, pero ella tiene un novio, me ha dicho que tiene novio y no sé qué hacer, me gusta, me encanta y me muero por ella".

¡Genial! ¡Súper genial!

Hay mil millones de mujeres solteras y te fijas en la mujer que está ocupada, que tiene novio. Incluso me han llegado consultas sobre mujeres que llevan relaciones de noviazgo de siete u ocho años. Bueno, yo soy de los que digo que "la atracción no es una elección", así que no te culpo si te gusta una mujer y JUSTAMENTE ella tiene novio.

¡Qué contrariedad!

Pero ¿qué es el noviazgo? Es cuando hay OTRO hombre en el corazón de ella, ese hombre por estar en ese lugar tiene ciertos derechos, entre ellos, conoce sus secretos, tiene su confianza y tiene el privilegio de tener intimidad con ella (sí… sexo).

He descubierto que cuando un hombre (y también una mujer) sabe que el objeto de su deseo (es decir, la persona que le atrae) tiene novio, esos niveles de atracción suben, se disparan, se incrementan. La razón es un principio psicológico por el cual nos gusta aquello que nos está prohibido o aquello que no podemos alcanzar. He escuchado mil historias donde oír de la otra persona que tiene novio conduce a una obsesión interminable y a que se convierta en un amor platónico. Y es que esta situación trae consigo una fantasía en la mente de ustedes, chicos.

La fantasía es: ella está aburrida con su relación actual (lo cual puede ser definitivamente cierto), entonces piensas que ella se enamorará de ti, y aunque lucha por sus sentimientos con su novio, y de repente quiere salvar la relación, ella te busca y termina con su novio, y… sí… SE CONVIERTE EN TU NOVIA, olvida a su novio y se pregunta cómo pudo haber pasado tanto tiempo enamorada de un petardo como su exnovio, en cómo no te conoció antes. ¡Qué fantasía tan triste y desafortunada! ¡Qué trampa tan desgraciada! La realidad está muy lejos de esta fantasía. Y te daré algunas razones que explicaré con el dibujo que ilustra este ejemplo. Lo he llamado "El Cuadrante de la Mujer con Novio".

Verás, por mala que sea una relación existente en la vida de una mujer, ellas generalmente piensan en lo más beneficioso para esa relación y NO quieren sentirse culpables por terminarla. Es decir, no quieren que esa relación fracase sin haber hecho TODO lo necesario para salvarla. Y esto no implica que sea porque existe atracción; en el 75% de los casos las relaciones se mantienen por costumbre, por miedo a la soledad y por tener a alguien con quien tener sexo.

He visto relaciones de siete y ocho años donde las mujeres regularmente no miran a los ojos, ni sostienen la mirada a otros hombres. Son mujeres que se sienten comprometidas, sin tener un anillo de matrimonio; con ellas es casi imposible tener algo, y cuando sucede, es generalmente en viajes, o cuando están solas en otras ciudades. Imagina esto: si tienen siete u ocho años de relación, toda la ciudad y todos los sitios los ha recorrido con su novio, así que cualquier sitio la hace pensar en él, no en ti. En cambio, en otras ciudades, su mente se abre, su deseo se desboca, su mirada se hace fija y

¡¡badabum!! podrías tener un beso o quizá algo más...

Y acá viene el punto, efectivamente puedes tener un beso, incluso sexo, es más, puedes tener una relación corta clandestina con ella, pero eso no implica que hayas ganado la batalla, empiezas a descender en la espiral más traicionera en la que hayas podido caer.

La espiral es ésta: entre MÁS LEJOS llevan la relación, MÁS TE ENAMORAS tú y MÁS CULPA siente ella, y MÁS PUNTOS GANA su novio.

Voy a explicarlo con el Cuadrante de la Mujer con Novio, y es que mientras tú sumas, es decir te das besos, te acuestas, lo que sea, el nivel de culpa de ella empieza a subir, a subir y a subir; luego ella se encuentra con su novio y se dedica a consentirlo, a mimarlo, a arreglar su situación y a darle el doble de besos, sexo más seguido y termina por decirte un buen día: "Oye mira... lamento lo que ha pasado, pero voy a seguir con mi novio".

Si te fijas en el cuadrante, cuando tú sumas con ella, el que termina recibiendo la suma es SU NOVIO. Así que es su novio quien recibe el efecto de todos tus avances, por el principio psicológico que tiene la culpa en ella. Cuando sucede algo fuera de la relación, activas profundos mecanismos en ella que la ponen en conflicto y que terminan actuando a favor de su actual pareja.

Te lo pondré con nombres: Damián está enamorado de Silvana, mientras Silvana tiene un novio que se llama Alejandro. Sí... sí... Alejandro es un patán, pero cada vez que Silvana se da besos con Damián, y ambos están encantados por la pasión que les da lo prohibido, Alejandro recibe más besos y más sexo porque cuando Silvana está sola se siente la peor mujer del mundo y le da pesar tratar así a Alejandro que, aunque no es perfecto, la conoce muy bien.

¿Ves?

En este punto me dirás: Naxos ¿es posible que una mujer se enamore de un hombre diferente a su novio? Sí... claro que es posible. Sin embargo, combates con la fuerza de meses y años de relación, que representan familiaridad y comodidad para ella.

¿Has oído el refrán que dice "Es mejor malo conocido que bueno por conocer"?

Pues bien, ese pensamiento domina la mente de las personas y su sentido común. Así tú le ofrezcas cosas mejores, así seas más atento, mejor que ese petardo que tiene como novio. Simplemente la gente quiere aquello con lo cual se siente familiar y está acostumbrado.

Sí... sí... podrás conocer casos donde ella tiene novio y conoce a alguien y luego termina con su novio e INMEDIATAMENTE empieza una nueva relación. Sí... pasa... pero a la larga esas relaciones sobreviven pocas semanas. Porque su exnovio no sale del partido, luego de un tiempo empieza a llamarla, a buscarla. Generalmente saben que luego de dos o tres meses la excitación inicial empieza a volverse rutina, y que deben tocar la puerta por esa época. Cuando ya el enamoramiento se normaliza, su exnovio sabe que puede volver a hacer visita... y sabes a qué me refiero.

Entre más trates de retenerla, y entre más insistas para que se vaya contigo, más la espantarás, porque se sentirá más comprometida, y eso le producirá... sí... adivinaste... MÁS CULPA.

Ya veo la cara de decepción de muchos hombres que están en esa situación. Veo su cara de desesperanza por lo que acabo de escribir. Pero es cierto, el panorama no es muy halagador, así estés con ella en este instante, su exnovio está como león rugiente esperando el momento propicio en que ella haya peleado contigo para volver a la jugada.

Imagino que te agarras la cabeza a dos manos y me preguntas: Naxos, entonces si me gusta una mujer con novio, ¿no tengo esperanza?

Pues bien, según el cuadrante que diseñé, la única manera es que sea su novio quien reste puntos con ella para que te los sume a ti. Es decir, y vuelvo a mi ejemplo, la única manera es que Alejandro se porte como un cerdo patán desconsiderado, para que Damián gane puntos con Silvana.

Pero ojo, Damián deberá tener algo: PACIENCIA. Si bien deberá demostrar interés, cuando eso suceda, ÉL debe ser quien tome la iniciativa de alejarse. Sí... No me enloquecí, ni estoy escribiendo esto bajo los efectos del alcohol o de las drogas.

Tienes, y es requisito indispensable, que buscar una situación de demostración de interés, algo donde ella se entere de tu interés. Pero debes detenerte en el instante, decirle que sabes que tiene novio y que no quieres ponerla en conflicto, que has sentido cosas pero que sientes que debes detenerte.

Y te detendrás.
Y quizá se alejen.

Deberás decirle: "Sé que has terminado una relación, y lo mejor es que estés unas semanas sola para que te encuentres contigo misma".

Pero créeme que cada vez que Alejandro siga restando puntos (que es probable que lo siga haciendo), ella en su mente pensará en la posibilidad de volver a ti. Y si tú la buscas, pero te niegas a caer en el juego de los amantes, ella terminará por pensar SERIA Y TRASCENDENTALMENTE en terminar su relación, si lo hiciste bien, para ir contigo.

Y si eso sucede deberás ser más paciente aún.

No la descuides, sigue llamando y saliendo con ella. Luego de un tiempo, hablo de tres semanas más o menos, podrás volver al ataque y ESTA VEZ SÍ podrás formalizar eso.

Es un juego lento. Pero la vida es así, y si quieres triunfar en una situación de éstas, tendrás que ser paciente. Tendrás que saber esperar, y tendrás que hacerte ver como una persona madura que es el premio y no un segundón. Tendrás que hacerla pensar, y lo harás con inteligencia y sabiendo que lo mejor les espera a los que tienen paciencia.

¿Qué pasa si el tipo es buena persona, o qué pasa si leyó "el efecto Leopi"?

Para responder, les hago una pregunta, ¿acaso pueden controlar la personalidad del novio de la mujer? Es decir, ¿es algo que esté en sus manos controlar?

Puede ser un "Casanova", puede ser un baboso, puede ser el capitán del equipo de rugby de la selección de Australia, puede ser un amanerado, puede ser Robbie Williams o puede ser El Chavo del 8.

Eso no está bajo tu control.

El punto es ¿qué es lo que está en tus manos?

Ella, ¿no es cierto? Y justamente ELLA es la variable más importante del Cuadrante. Y es la culpa de ELLA, la que mueve el cuadrante, si eliminas la culpa te quedas con el tesoro. ¿Soy claro?

El mecanismo fundamental es ELLA, sobre ELLA sí tienes clara influencia DIRECTA, y una influencia INDIRECTA sobre su novio, en este cuadrante es indiferente si el tipo es un matón o trabaja en una ONG que protege ancianos desplazados por los *moronbutututututus* en Somalia.

Eso sí... la situación de meterte con una mujer que tiene novio te deja con un factor que no puedes controlar: que el novio no reste puntos, porque es un tipazo. Pues el único punto que puedes trabajar es generar atracción fuerte y consistente.

Atento a esto: si ella te da un beso, o tienen sexo, es porque existe ATRACCIÓN; esto es un punto a tu favor, entonces podrás mover la situación al generar más ATRACCIÓN. ¿Cómo lo haces? Distanciándote, es decir, poniendo frío, alejándote, no mostrando necesidad, ni presionando. Acá actúa el Principio de Escasez en su máxima expresión; como ya saben, este mecanismo dispara la atracción. Así pues, esto hará que sumes en ATRACCIÓN, y como su novio no hará nada diferente, está en su zona de confort, quizá hagas que indirectamente él no haga nada, con lo cual TÚ SUMAS. En este caso, el que Alejandro no haga nada, son puntos valiosos para tu juego. Si haces esto, tal como te lo digo, imagina a Alejandro como un novio con una venda en los ojos, está ciego y no sabe que tiene competencia, entonces no hace nada por mejorar su juego, no se siente amenazado porque tú estás por allá escondido en un pliegue del corazón de Silvana; entonces, nuevamente TÚ SUMAS.

Reconozco que enamorarse de una mujer con novio es una situación bien difícil, donde tienes casi todas las probabilidades de perder. Lo único es generar atracción, ganarte atracción o algo más, y tener paciencia y poner frío al romance, alejarte y manejar las cosas con calma. Nada más, si no sale... pues nada... es que te metiste en la grande al encontrar una mujer ocupada.

> **Web:** http://estrategiadelaseducción.com
> **Facebook:** https://www.Facebook.com/estrategiaseduccion/
> **Twitter:** @naxxxos
> **Youtube:** http://youtube.com/maestronaxos
> **Instagram:** @Alvarocoach

¡PUM! que fuerte (Soy Leopi, por cierto).

A mí me gustaría agregar algunas cosas a esta gran participación de Álvaro.

- ✓ ¿Estás seguro de que quieres algo con esta chica o estás haciendo una maniobra tan complicada y posiblemente suicida, sólo porque conoces pocas chicas, es la única que te gusta o te medio pela o por qué? Busca la razón real, tal vez te das cuenta de que ni siquiera te gusta tanto.

- ✓ Si yo fuera tú, lo pensaría tres veces. ¿Has pensado en los contras? Si el novio se entera podría proceder de una manera no muy agradable para con tu ser, del tipo amenazarte, reacomodarte unos dientes o, peor aún, reacomodarte de plano existencial vía una inyección de plomo (entra "Bang Bang" de Nancy Sinatra, *y también la policía a revisar la escena del crimen y cubrir con una bolsa tu cuerpo*).

- ✓ Como digo siempre en mis cursos: para poder tomar una decisión educada de con quién vas a estar, es buena idea tener muchas opciones, por lo siguiente: a) tendrás un punto de vista objetivo al escoger; b) tendrás dónde aterrizar de emergencia si todo sale mal; c) no intensearás con el objetivo principal puesto que tendrás varios frentes que atender; d) tu objetivo principal no se subirá en un pedestal tan alto puesto que hay punto de comparación objetivo, y e) será más fácil quitarle el caramelo de vez en cuando.

- ✓ Éste es parte del anterior. Tal vez estás dispuesto a intentar una maniobra tan complicada y no recomendable como atacar a un objetivo con pareja sólo porque no hay otro u otros. Ya se subió en un pedestal gigante, y lo peor de todo, si sale mal, no habrá con quién distraerse, más que con la almohada llena de lágrimas. Pero, ¿si hubiera otras? Tal vez te olvidas de la que está emparejada, o tal vez sea más fácil esperar a que el *timing* de la emparejada deseada cambie, así que mi recomendación profesional es ésta:

Don't. He dicho.

Vamos a ahora a analizar la maniobra si eres mujer y te gusta una "unidad" que tiene novia.

Leopi Castellanos, ¿y si mi objetivo tiene novia?

Justamente hoy me contrató una chica porque le gusta un muchachito que tiene dueña, freno de mano, pareja, grillete, novia.

Bueno, entremos en el tema. Así como Naxos expuso muy bien cómo la culpa puede hacer que la maniobra salga "mal", en mi ejemplo veremos otras variables afectadoras de nuestra maniobra.

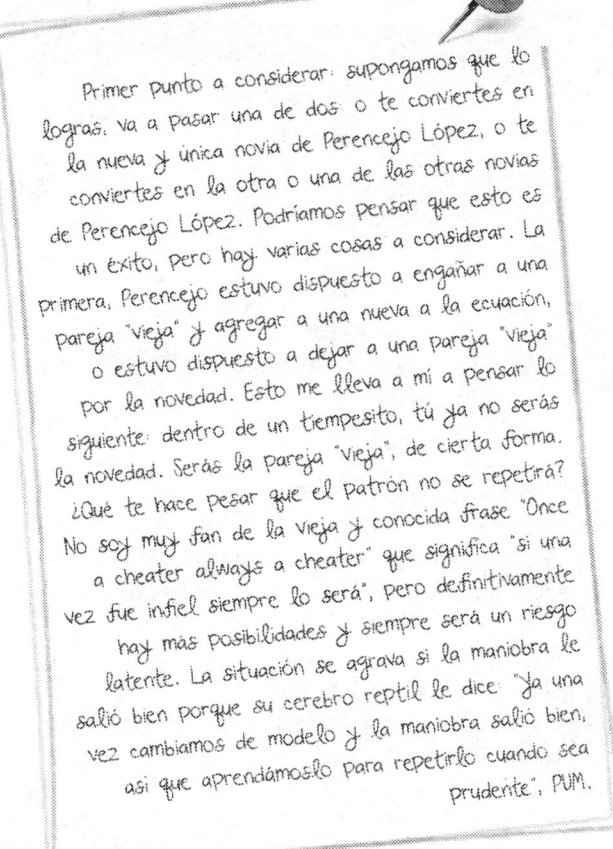

Primer punto a considerar: supongamos que lo logras, va a pasar una de dos o te conviertes en la nueva y única novia de Perencejo López, o te conviertes en la otra o una de las otras novias de Perencejo López. Podríamos pensar que esto es un éxito, pero hay varias cosas a considerar. La primera, Perencejo estuvo dispuesto a engañar a una pareja "vieja" y agregar a una nueva a la ecuación, o estuvo dispuesto a dejar a una pareja "vieja" por la novedad. Esto me lleva a mí a pensar lo siguiente: dentro de un tiempesito, tú ya no serás la novedad. Serás la pareja "vieja", de cierta forma. ¿Qué te hace pensar que el patrón no se repetirá? No soy muy fan de la vieja y conocida frase "Once a cheater always a cheater" que significa "si una vez fue infiel siempre lo será", pero definitivamente hay más posibilidades y siempre será un riesgo latente. La situación se agrava si la maniobra le salió bien porque su cerebro reptil le dice: "Ya una vez cambiamos de modelo y la maniobra salió bien, así que aprendámoslo para repetirlo cuando sea prudente". PUM.

> Punto número dos a considerar: a las mujeres se les construyó, cableó, educó, desde los tiempos de Jeremiah Springfield a buscar relaciones duraderas, serias, monógamas, etc., y a nosotros los hombres... no tanto. Es muy común que el hombre que salga de una relación esté buscando y pensando que puede volver a ser como Charlie Harper en Two and a Half Men, aunque obviamente eso no sea cierto. Los hombres terminamos una relación y nuestra primera forma de "duelo" es el autolavado de cerebro de "así estoy mejor", "viva la libertad", "ahora sí voy a salir con todas las que antes no podía", etc. Todo esto me lleva a ¿y si mientras tú crees que quitando a la novia vas a ser la nueva pareja, él te ve como una de las múltiples conquistas que puede tener ahora que está libre?
> Not good.

Bueno aún hay más cosas a considerar. Resulta ser que a nosotros se nos educa y entrena para dos cosas, en algún momento para la variedad feminística, pero en otro momento de la vida, para construir una familia. Meterte en medio de una relación monógama puede causar lo siguiente:

- Perencejo anda con Sutana.
- Perencejo piensa que le gustaría ser libre como cuando joven...
- Tú quieres con Perencejo.
- Perencejo sale contigo.
- Perencejo piensa que eres lo que buscaba porque ya está aburrido / acostumbrado a Sutana y se acuerda que le gustaba la variedad. Entonces pueden pasar 3 cosas:

A) Perencejo te agrega a la ecuación.
- 👁 Sutana se entera y deja a Perencejo.
- 👁 Perencejo siente el clásico "no sabes lo que tienes hasta que lo pierdes".
  *Perencejo compara y se da cuenta de que con Sutana ya tenía historia, costumbres, una relación construida, amigos en común, planes a futuro, etc., y por más que nos duela, su valor en el mercado vuelve a ser más alto que el tuyo (porque ya no eres novedad).
- 👁 (Ésta es opcional pero hay que considerarla) Sutana te busca, te encuentra en un bar y te deschonga.
- 👁 Perencejo regresa con Sutana y tú quedas afectada, triste, cansada, ojerosa, sin ilusiones y sin chongo.

B) Perencejo deja a Sutana.
- 👁 Todo funciona bien por un rato, hasta que Perencejo empieza a extrañar a Sutana (vaya al *).

C) Perencejo se queda contigo y Sutana es historia.
- 👁 Regrese al primer punto a considerar al intentar algo con un animal macho que tiene freno de mano, novia, relación, pareja, esposa y aún así empieza algo con alguien más.

> Conclusión. Si yo fuera tú, me quedaría en la friendzone con Perencejo y desde ahí y muy suavecito haría mi microcampaña de marketing sólo para mantenerme vigente y atenta por si hay un cambio de timing entre la "unidad" y su pareja. En el momento que hubiera ese cambio de timing aparecería de nuevo como la buena amiga comprensiva durante el final de la temporada de luto. Después iniciaría una campaña de marketing más en serio pero siempre tomando en consideración el nuevo timing ("posrelación-quiero mi libertad" de Perencejo). Una vez que Mr P. pase a la siguiente etapa, ahí estás tú, ya con un buen tiempo de campaña de marketing, sobre todo de la lista 2 (o sea, de todo lo que "Peren" podría estar buscando en una mujer para tener una relación seria, no nada más por sexo), sólo para rematar con bromas en serio y señales de interés para salirte de la friendzone y lograr el cometido.

Todo esto que te acabo de poner en el párrafo anterior podría tomar años. Así que te pregunto una vez más: ¿De verdad quieres meterte en una maniobra tan complicada?

Por último chicas y chicos. La policía del Karma utiliza la tercera ley de Newton sin piedad:

"Siempre que un objeto ejerce una fuerza sobre un segundo objeto, el segundo objeto ejerce una fuerza de igual magnitud y dirección opuesta sobre el primero. Con frecuencia se enuncia como: a cada acción siempre se opone una reacción igual. En cualquier interacción hay un par de fuerzas de acción y reacción, cuya magnitud es igual y sus direcciones son opuestas. Las fuerzas se dan en pares, lo que significa que el par de fuerzas de acción y reacción forman una interacción entre dos objetos".

Esto traducido a la ley del karma dice:

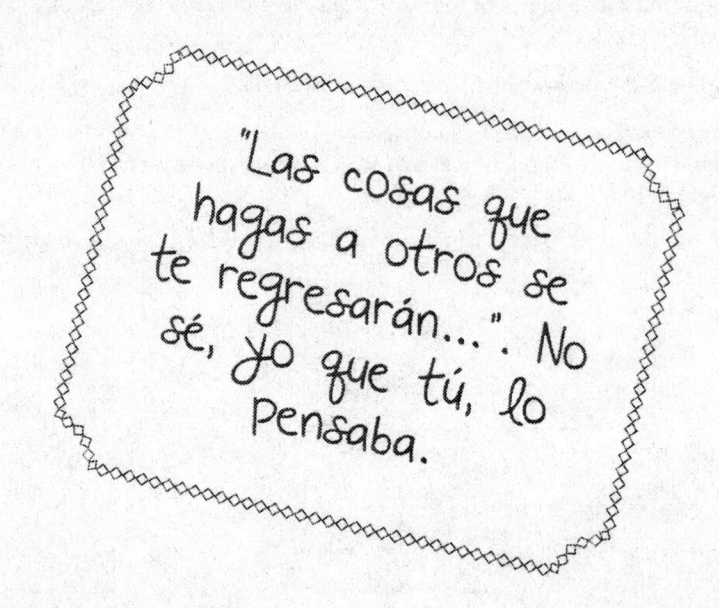

"Las cosas que hagas a otros se te regresarán...". No sé, yo que tú, lo pensaba.

7

Redes sociales 2.0

Redes sociales 2.0

Por alguna extraña razón aún hay mucha gente que no ha medido lo importante que son y el gran impacto que tienen en nuestras vidas las redes sociales hoy en día. Yo sé que ya lo sabes, y también sé que hablamos bastante de este tema en los libros anteriores. Pero…

Hoy vamos a medir y a analizar la nueva realidad mundial cibernética y a encontrar todas las formas en las que esta realidad puede afectar positivamente y mucho nuestras vidas.

OK. En la portada de este libro puse muy valientemente que servía para todo, y luego puse otra vez TODO en mayúsculas.

Bueno, partamos de esa premisa.

¿Cuáles me dirías que son las cinco cosas más importantes que quieres lograr en tu vida antes de morirte? Sé egoísta, ya sé que tus hijos son una del top 5, pero aparte de ellos, ¿qué?

En mi lista y en la de varios de mis clientes a lo largo de los últimos años que pregunto esto en cada curso, ha aparecido lo siguiente:

- *Pareja o matrimonio o familia*
- *Viajar, tener, comprar*
- *Salud*
- *Éxito profesional*
- *Crecimiento personal*

Tal vez tú tengas algunas diferentes, pero ésta es la generalidad mundial: todos queremos tener casita, coche y seguridad económica, poder comprar cositas y viajar mucho, tener salud, un negocio exitoso, amor, pareja, familia y ser cada día mejores.

Ok

También es una realidad mundial que ya casi nadie puede vivir sin su celular. Ahí hacemos todo: convivir, comprar, pagos, agenda, reloj, calculadora, entretenernos, oír música, trabajar y ver Youpor.. digo, Youtube.

Bueno, último *reality check* de este capítulo: ¿a dónde está viendo todo mundo todo el día en este 2017? Exacto. A su celular, sobre todo a sus redes sociales.

Ahora vamos a juntar todo esto. ¿En dónde aumentaremos mucho nuestras posibilidades de obtener ese top 5? Pues sí. En las redes sociales.

Ejemplos:

✓ Quieres casarte y tener familia. Entonces necesitas a alguien que quiera hacer eso contigo. Pero resulta ser que no conoces mucha gente, trabajas casi todo el día, no eres muy hábil socialmente. Bueno, en las redes sociales puedes lograr conocer mucha gente muy rápido en cualquier lugar del planeta. Todo esto mientras te pones una mascarilla de aguacate, sin gastar y sin moverte de casa.

¿Quiobo?

✓ Quieres viajar, tener y comprar. Entonces necesitas un trabajo o un negocio que te deje mucha lana. ¿Dónde podrías encontrar ese empleo o empezar y promover ese negocio? Una vez más, desde tu casa y prácticamente sin gastos (dependiendo de qué vayas a hacer, obvio). Pon tu que trabajas en un banco y ganas más o menos, pero resulta que eres muy buen masajista. Te anuncias en las redes, rentas un lugarcito y empiezas a tener clientes, entre más clientes, más lana y así sucesivamente. También ya estando en la red puedes averiguar todo acerca de tu viaje, esperar una buena promoción, pagarlo y en tu rato libre comprar, de una vez, el equipo para esquiar.

✓ Quieres tener salud. Muy bien, en internet puedes encontrar rutinas, dietas, personas con quienes ejercitarte, lugares donde hacerlo, cursos, vaya, hasta puedes poner un video y hacer ejercicio viendo el video. Al mismo tiempo también hay doctores, recetas, información de medicinas, hospitales, laboratorios, todo.

✓ **Éxito profesional.** No sólo podrías conocer en línea a la persona que te ayude o hasta te genere ese éxito profesional, sino que también ahí puedes promocionarte, hacer sinergias, vender, hasta tener fans, haciendo lo que sea que hagas. Ahora hay entrenadores, profesores, músicos, pintores, escritores, que tienen fan pages en FB, gente que empieza a tener éxito sólo por subir buenos videos, fotos o blogs, vaya, el mundo de lo profesional ha cambiado.

✓ **Crecimiento personal.** Meditación, reiki, energía, PNL, yoga, nutrición, *coaching*, "eL efecto Leopi"©, grados escolares, maestrías, cursos, conferencias, monólogos, libros, tutoriales, maestros en línea, consejeros, amigos, hasta tu familia completa está ahí.

Bueno. Ahí está la cosa. En 2017 y en adelante, cada vez más tendrás que meterte con todo al mundo cibernético. No sólo te conviene, vas a TENER que hacerlo. Entonces, si ésa es nuestra nueva realidad, ¿no crees que te convendría saber usar todo perfectamente? ¡Sobre todo para lograr ese top 5 o top 10 de las cosas más importantes de tu vida!

¿Cómo?... Así:

Estamos de acuerdo que en el mundo terrenal entre más preparado, mejor currículum, más contactos, más hábil, más carisma, etc., aumentas tus posibilidades de éxito en todas las cosas importantes y no tan importantes de la vida. Y ahora tenemos este mundo alternativo donde pasan cientos de miles de cosas todos los días. Mi conclusión: entre más preparado, mejor currículum, más contactos, más hábil, más carisma, etc., tengas en redes sociales y en internet en general, más posibilidades de éxito en el mundo. Entonces algunos tips, que tal vez no conocías, pero que te ayudarán enormemente en el futuro:

- 👁 Dale la importancia requerida a todas las redes que tengas y a las que se vayan poniendo de moda. Aprende a usarlas, lee los tutoriales, dedícales tiempo y ¡conviértelas en grandes páginas de venta de ti o de tu producto! Hoy le di asesoría personal a una chica que estaba convencida de que algo malo le iba a pasar si subía cosas o conocía gente en la red, o sea ¡cerrándose miles de puertas en el tema del romance y los amigos, pero también en cuanto a trabajo, clientes, proveedores, sinergias y todo lo que mencioné (y lo que me faltó) que puedes encontrar en la red!

- 👁 Entre más contactos tengas en cada red, tus posibilidades de generar cosas aumentan, no sólo directamente, como más posibles opciones de pareja o más clientes, sino que también indirectamente. ¿Sabías que las empresas grandes buscan y pagan a personas con muchos seguidores por anunciar sus productos en sus redes personales? A mí ya me han pagado por ser alguien con bastantes seguidores. Otro ejemplo: ¿Tienes algún talento? Usa tus redes para demostrarlo, o ¿de dónde crees que salió el Werevertumorro, que gana una buena lana de sus redes?,

¿o Justin Bieber que fue descubierto por los videos que subía a Youtube? Historias como éstas hay miles.

- Recuerda que tus fotos y tus escritos en redes hablan de ti. Hasta para las personas que son empleados de empresas, una publicación equivocada en una red puede costarles el empleo. Si eso pasa en esos casos, ¿no crees que deberías de estar publicando cosas que cuando alguien te lea sienta cosas positivas de ti y por ti?

- Aquí te va un dato que poca gente sabe pero que te puede abrir un universo de posibilidades. Hace algunos años Facebook funcionaba con un algoritmo diferente al de ahora. Si recuerdas, antes te llegaba la información de toda la gente que tenías por amigos. Ahora te llega la info sólo de algunas personas, básicamente de tus amigos y familia, pero… nunca te preguntaste ¿cómo sabe Facebook qué mandarme? Bueno, ese algoritmo "nuevo" lo que hace es aprenderse quién te da like, quién comparte tus publicaciones y con quién te comunicas. Así, Facebook empezó a mandarte más info de las personas con las que interactúas y cada vez menos información de las personas con las que casi no te comunicas. Bueno, pues ¿qué crees? Esto también funciona en sentido inverso. Si tus publicaciones no generan likes, o que las compartan, cada vez menos gente lee lo que publicas. ¡Chin! Si estabas usando Facebook para promocionar tu puesto de crepas y nunca pones publicaciones que causen enganche (créeme que poner puros anuncios y ofertas no engancha) por eso es que cada vez tienes menos éxito en ventas en esa red. Hice unas pruebas en mi Facebook poniendo cosas a las que seguro las mujeres le darían "like" o "compartir". Lo hice por una semana y luego publiqué que si alguien me acompañaría a una boda, que me faltaba una pareja de baile… Me llovieron mensajes, mails, invitaciones y hasta fotos. Eso es saber usar una red social.

- Twitter. Tienes 140 caracteres para ser impactante. Eso es un reto. Sin embargo, hay mucha gente que lo ha logrado y le genera miles de cosas o miles de pesos. En México, por ejemplo, hay tuiteros que ganan alrededor de 5 000 dólares mensuales de sus cuentas de Twitter, más todos los negocios de patrocinios y otras cosas que les generan ser los dueños de esas cuentas. Pero eso al mismo tiempo los hace "famosillos", generando fans, amigos, romances, otros negocios, viajes, facilitando que cumplan su top 5.

- Instagram. Mismo caso pero con fotos. Úsalo, dedícale tiempo, entiende cómo funciona la red social, sigue a la gente que engancha, a ver qué hace y empieza por imitar, te vas a llevar cientos de sorpresas gratas en esta y en todas las demás redes.

- WhatsApp. No es una red social en sí, pero tiene su ciencia. Como habrás visto en capítulos anteriores, hay muchos puntos importantes a analizar

Ahora, en todas las redes sociales hay reglas de etiqueta y comportamiento, además de las estrategias necesarias para ser exitoso en ellas. Sobretodo en el tan popular WhatsApp. Hoy en día todo mundo se comunica todo el tiempo, por lo tanto también cualquiera que sea el objetivo (amor, negocios, familia, sexo, amigos) tienes que convertirte en un as de esa aplicación. Por ejemplo, yo tengo en WhatsApp a gente bastante importante de los medios de comunicación de México. A ellos no sólo les escribe demasiada gente, sino que también lo hacen personas muy importantes, yo tengo que tener en mente eso siempre para ser lo más hábil posible en el uso de esa app. Por lo tanto, te dejo aquí toda una bolsa de trucos para usarla bien:

-Mejora tu ortografía, redacción, y nada de "oLa Kmo ZtAz?" ¡por piedad! (Ya sé, ya sé, no quiero más comentarios acerca de mis Whatsapps).

-Ten listas en la memoria de tu teléfono todas las imágenes graciosas, tiernas, motivadoras, sexosas y románticas que puedas, buenas fotos de ti y hasta frases, memes y caricaturas que te puedan ayudar a entretener y divertir. Puedes encontrar muchas en Twitter, Instagram, Pinterest y en Google Images.

-Pídele a alguien del sexo que te gusta (opuesto o el mismo), que escoja tu avatar y que lo haga basado en si querría tener algo contigo con sólo ver tu foto. Si no tienes esa ESPECTACULAR foto de avatar, es momento de salir a tomarla, recuerda que ¡es tu portada!

-Cambia de estado antes de empezar a chatear. Quiero tu versión 4.2 (entretenid@, asertiv@, carismátic@, segur@ de ti mism@, gracios@ y cool).

-Asegúrate de que el timing de la otra persona sea el correcto antes de empezar a chatear.

-Piensa lo siguiente (si es que puedes obtener la información) a priori: ¿Qué está haciendo la persona receptora del mensaje cuándo se lo mandas? ¿Cuál es la misión de tu mensaje? ¿Por qué, para qué y qué le vas a escribir?

-NO intensées.

-Calibra por la velocidad e intensidad de respuesta, inicio y continuación de la conversación, si es buen momento para platicar o si mejor te retiras por hoy dejando un buen recuerdo o un plan a futuro.

-Tu misión como hombre es entretenerla y divertirla, ocasionando que ella cambie de estado, hacer rapport y lograr tus objetivos personales con este chat.

-Tu misión como mujer es poner imágenes en su cabeza y lograr que él cambie de estado, hacer rapport y lograr tus intenciones personales en este chat.

-Recuerda que en cuanto puedas, debes hacer que tu conversación se vuelva lúdica, que haya coquetería y flirteo, que no sea institucional ni de "sólo amigos" (a menos que sea un chat de otra índole).

-Obvio utiliza las herramientas de los libros, sobre todo la "broma en serio", para medir cómo vas: patrones de lenguaje, set sí, técnica de guardar información y lenguaje persuasivo, funcionan muy bien por escrito.

-Siempre que hagas una broma o una broma en serio agrega al final un "ja ja ja" o un emoticon ;)

-Recuerda que en tu conversación es importante también que te "vendas". O sea, que la otra persona se entere por medio de historias o metáforas, que eres la última cerveza del estadio, de lo que haces y de las cosas buenas acerca de ti que puedas contar, sin presumir.

-Recuerda que si estás chateando con alguien del sexo opuesto tienes que PENSAR como el sexo opuesto antes de actuar.

-No te tomes nada personal, sobre todo la velocidad de respuesta, las dobles palomitas azules, si te cuenta cosas de alguien más, si está "en línea" o no, etc.,. Acuérdate que tú eres lo más cool del universo y estamos aquí en una misión del amor. Ja ja ja.

-PRACTICA.

-Piensa siempre lo siguiente: ¿qué le gustaría leer a la otra persona ahorita, tomando en cuenta su timing y su sexo?

-Destácate, sé original, no copies ni uses frases "abridoras", y así al mismo tiempo harás sentir única a la otra persona. Elógiala cuando venga al caso, demuestra tu admiración y ve subiendo de nivel desde modo institucional (como le escribirías a tu prof.) hasta modo sexoso o romanticoso, dependiendo de contra quién te enfrentes en este chat.

-Sé simpátic@, sé sexy (cuando ya puedas), siempre deja con ganas de más. Recuerda las cinco palabras mágicas para nunca quedarte sin tema de conversación: libros, películas, música, comida y viajes. Ten paciencia y tómate tu tiempo, pero siempre escalando, subiendo de nivel, calibrando respuestas y generando y mandando señales de interés.

-Lee libros, ve películas y series, infórmate y aprende de todo lo que puedas, esto te dará temas de conversación y fluidez al escribir.

-Usa los emoticones, te pueden ayudar mucho, pero no te atasques.

-Recuerda que a nadie le gusta la gente enojona, celosa, mal vibrosa, posesiva, sentida, voluble, maleducada, sexosa (si no has llegado a la confianza de poder serlo aún), metiche, etc. Evita estas cosas.

-Evita temas como religión, política, futbol y sexo (si eres hombre, lo sexoso tienes que estar seguro de que ya lo puedes usar, si eres mujer lo puedes usar cuando quieras ja ja ja ¡qué cool!)

-Asegúrate de haber leído mis libros antes de hacer esta maniobra, créeme, te conviene.

No puedo enfatizar suficientemente lo importante que es que te empieces a entrenar desde ya en el uso correcto y dirigido de tus redes y del internet en general, créeme vas a abrir la caja de Pandora, y tendrás el mundo en la punta de tus dedos. Literal.

8

Prevención y resolución de conflictos con tu pareja

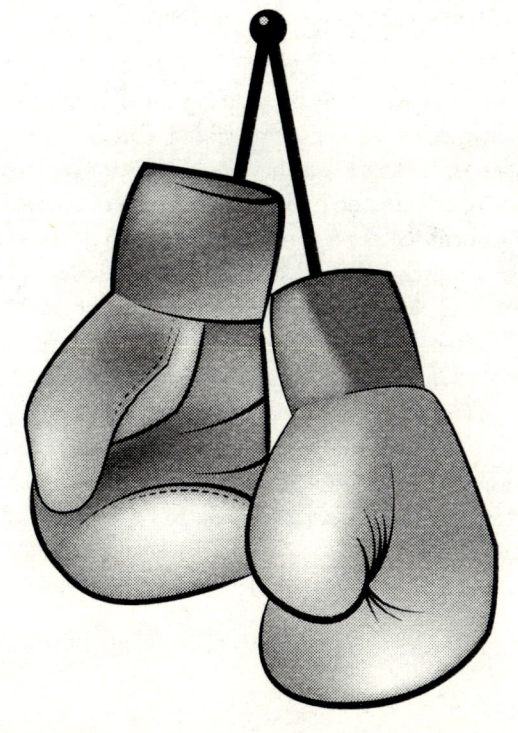

Estaría increíble que tanto mujeres como hombres tuviéramos el mismo software en el cerebro para que *jamasmente* hubiera discusiones por diferencias de opiniones o reacciones inesperadas. Pero en el mundo real, las cosas no pasan así; nosotros no soportamos algunas cosas que hacen ustedes, mis hermosas mujercitas, así como ustedes no toleran algunas cositas que inocentemente hacemos nosotros los niños... digo... hombres.

El asunto está en que peleamos porque esperamos que la otra persona cambie, cuando deberíamos aceptarnos tal cuál somos... y ya! jajajaj, qué fácil ¿no?... ok... no... pero .. podríamos intentarlo un poquitín.

Lo primero, vamos entendiéndonos:

¿Por qué no puede ser normal? o ¿por qué este hombre no me puede entender? o ¡mi novia está loca! Básicamente cualquier cosa que haga alusión a la incapacidad que tenemos para entender al sexo opuesto.

Los hechos a aprender y memorizar

👁 Los hombres tenemos corriendo testosterona (y mucha) por nuestras venas; dícese de la hormona de la agresividad y la sexualidad. Chicas, ustedes también tienen, pero bien poquita. Esta hormona es la que hace que nosotros seamos tan brutos como para pelearnos con algún desconocido que se nos cerró en el coche o que nos vio feo en un antro. Esa misma hormona es responsable de nuestro deseo sexual (a veces incontrolable) desde la adolescencia hasta los "cuarentaymuchos". ¿Tú crees que Hugh Grant estaba pensando con la cabeza de arriba cuando decidió engañar a Elizabeth Hurley (ultrabizcocho) con una sexoservidora callejera (y bastante fea)? Obvio no. Eso, señores y señoras, sólo puede ser culpa de la testosterona (y seguramente de unas copitas de más). O ¿cuándo fue la última vez que viste a una mujer pelearse a golpes, golpear una pared y romperse la muñeca? O ya para que sea innegable, ¿cuándo fue la última vez que escuchaste que atraparon a una "violadora"? Lo mejor del caso es que si existieran las violadoras, ¡todos los hombres andaríamos buscándolas encuerados en los callejones oscuros de la ciudad!...

Bueno, yo sí.

- Los hombres fuimos educados y diseñados para resolver problemas; si eres mujer y pretendes que sólo te apapachemos y te digamos que todo va a estar bien cuando llegues a contarnos un problema, lo que estás buscando es una amiga. Si quieres que nosotros lo hagamos, aclaralo antes, porque si no automáticamente intentaremos resolverte el "problema", sin apapachos, ni botes de helado, ni *chick flicks*. Debes entender que nuestra forma de "demostrar amor" es resolviendo. #machoalfabarbadeleñadorpeloenpecholomoplateado .

> Hey, alto ahí mujeres; antes de que me tachen de insensible-muertopordentro, prosigo a darles, también, un tip a mis carnales, los machines.

> Hombres, si se les acerca una chica con una "situación", primero validenla, escúchenla, apapáchenla y díganle que todo va a estar bien, y ya hasta después vean si requiere de "ayuda".

- Los hombres NO resolvemos problemas hablándolos con otras personas, porque si lo hacemos demostramos debilidad y ¡pos'no!, ¡pos'oye! Así que chicas, si él está callado y pensativo, déjalo sólo. No, no quiere hablarlo contigo, ni compartirlo, ni resolverlo en pareja, créeme.

> Ahora tú carnal, si ella está callada y pensativa, pregúntale todas las veces que sean necesarias hasta lograr que comparta, se desahogue y demás (Nota: esto puede tomar muuuchos intentos, paciencia hijo).

- La madre naturaleza dotó a las mujeres de cadera, cintura, pechos, trasero, etc. (gracias Dios), para atraer a un macho a fecundar un óvulo (el objetivo de Mamá Natu es poblar la Tierra y preservar la especie, y a las mamás no se les desobedece), y nos dio a nosotros la testosterona, la visión mucho menos periférica que la de ellas para concentrarnos en el "objetivo" y la "incapacidad" de ser *multitasking* con el mismo fin. Chicas, entiéndanlo, así somos, queremos ver (todo lo posible) y queremos jugar con lo que tú tienes, sí, el "parque de diversiones".

> Hombres, control, yo sé que es difícil no verle el pecho todo el tiempo o no querer tocarla desde la cita 1, pero créeme que cualquiera de las dos anteriores sólo te alejará más y más de lo que quieres lograr... entrar al parque.

> Mujeres, sabiendo esto, úsenlo a su favor, ésa es la carnada ideal (sólo para que se acerque), ya después viene todo lo demás.

- Chicas, cuando decimos que no estamos pensando en nada, es cierto, nosotros tenemos esa capacidad, lamentamos los inconvenientes.

Hombres, si ella dice que no tiene "nada", no sólo quiere decir que tiene algo, si no que ese "algo" es tu culpa, que tienes que preguntar hasta que se lo saques y luego tratar de resolverlo. Además, trata de hacer memoria de qué es lo que hiciste antes de que ella te lo diga (ganarás puntos); si de plano no tienes ni idea, puedes intentar decirle: "Ya sé que soy un bruto, pero esta vez por qué crees que haya sido" (jamás seas proactivo y digas lo que tú crees que ocurrió; tal vez confieses algo que ella no sabía, y explotará una bomba atómica). Oye Leopi, ¿pero y si no me dice?... te va a decir, mira, está científicamente comprobado que ella te dirá en el momento que le digas, "OK, si no tienes nada, me voy a ver mi partido de los renacuajos de Zompantla..." y ¡agárrate!

- Chicas, ¿quieren saber por qué no te busca, no te *whatsappea, facebookea, emailea, tuitea*, etc.? Porque NO quiere. Es probable que no esté interesado o haya perdido el interés. Llamarte, mandarte mensajes, buscarte; ésa es nuestra manera de demostrar interés. No hay hombres confundidos o haciéndose los difíciles. Es duro, pero así funcionamos. Aunque también cabe la posibilidad de mal *timing* o la mala calificación en la curva de impacto por mal o poco *marketing*.

Hombres, es probable que ellas no hagan esto por diversas razones, acuérdense que a ellas les inyectan la educación de "date tu lugar, no lo busques si no te va a tomar en serio", no es que sea cierto, pero así están educadas; por eso es que tú eres el "cazador", así que a darle mijo, el interés tiene pies.

- Cuando un hombre está concentrado en una cosa, literalmente todos nuestros demás sentidos disminuyen; por ejemplo, nosotros no podemos tener una conversación telefónica en el coche si está sonando fuerte el radio (compruébenlo), así que no pretendan que recordemos algo que hayan dicho si estábamos realizando otra actividad mientras nos hablaban (una vez más lo sentimos, no es nuestra culpa, fue Mamá Naturaleza).

- Chicas, nosotros no fuimos diseñados para hablar, es más, no nos gusta (¿han visto alguna vez a dos hombres pescando? Literal son 6 horas en las que suceden tres minutos de plática), así que tendrás ventaja sobre nosotros si eres más simple y directa, usas menos detalles al hablar y menos duración en las conversaciones (sobre todo en discusiones).

Hombres, el que sea mejor conversador y escuchador tendrá ventaja, ¿por qué creen que yo hablo tanto? Je je je.

- Chicas, ustedes tiene un sistema de comunicación mucho más avanzado que el nuestro. Con una mirada todas saben que hay que ir con X al baño, con un gesto todas saben que su amiga trae algún problema, vaya ¡hasta hablan los idiomas de los bebés! NO pretendan que un hombre entienda o adivine algo, se lo tienen que decir, y con manzanitas, lo siento, pero es la verdad. Si no hacen esto, nosotros podemos entender otra cosa y hacer lo contrario de lo que esperaban o no hacer nada. Nosotros somos LI-TE-RA-LES. No entendemos metáforas, cosas "implícitas", o que para ustedes son "obvias gooeey", ni indirectas, señas, ni ninguna cosa de esas.

- Los hombres somos mucho menos sentimentales que las mujeres, así que chicas no pretendan que seamos sus amigas o sus terapeutas; estamos entrenados desde chiquitos a no mostrar sentimientos. Lo *cool* es que saber esto te hará entender al sexo opuesto mucho más fácilmente. El *tip* para hombres es: recuerda que todo lo que diga una mujer trae un subtexto, así que piensa en eso antes de responder, y antes de actuar recuerda que las mujeres verán siempre el sentimiento detrás de tu acción. Ejemplo: regalarle un detalle a una mujer no es sólo un regalo y "¡ah qué bonito peluche!", sino que significa: "Se acordó de mí / me quiere / ¿por qué me está dando este regalo?", ¿*capisce*? (palabra de Alessio).

- Y por último, en esta guía para la convivencia clara de los dos géneros, para nosotros el sexo es sólo una necesidad física que en contadas ocasiones va acompañada de amor; bueno, hay una leyenda de que un hombre una vez conectó sus genitales con su corazón, creo que fue en la India en 1759, pero nadie ha podido comprobar esta teoría.

Pa'pronto, si tenemos hambre, comemos lo que hay, si tenemos sed, bebemos lo que hay, si estamos calientes tendremos sexo con lo que hay, si es con alguien que no sea nuestra mano, mejor.

Así que chicas, no pretendan otra cosa a menos que el individuo esté enamorado. Además, llevamos años practicando el "autolove" y viendo porno (si tu galán o novio te dice que no lo ve, es mentira, o es gay, en cuyo caso tal vez no vea porno, sino porno gay). Tomen esto muy en cuenta para todos sus futuros encuentros, porque les facilitará el entendernos.

Hombres, ellas NO SON COMO NOSOTROS, no les gusta el porno, ni el sexo rápido, ni el sexo con 43 desconocidos por mes, ni las maniobras pornográficas avanzadas que hemos visto en cientos de películas. Si vas a estar con una chica, la maniobra es COMPLETAMENTE al revés de lo que tú estás deseando, por lo menos al principio, ya después podrás negociar tríos, sexo en lugares públicos y cosas de esas. Mientras tanto contrólate (si tú tienes una novia que diga que lo anterior no es cierto, CUÍDALA).

Control de daños

Pues sí, mis queridos lectores y lectoras, ya llegaron, ya tienen novio, novia, freno de mano, marido, mareado, dueña de tus quincenas, etc., ¡qué felicidad! ya pueden descansar... ¿o no? ¡Pues no! ¡Todo lo contrario! Ahora tienen que aprender a convivir, compartir, dividir y sobre todo (aunque suene feo) a soportar, dejar pasar, lidiar con, entender a, y demás menesteres escabrosos con el otro humano involucrado. Uf.

Y... ¿sabes qué? Aunque lo o la ames con el amor más bueno y lindo del mundo, del tipo cualquier película en la que salga Rachel McAdams, a veces tu relación va a tener un bache. No te alarmes, aquí está Leopi, todo va a estar bien.

Como ya llevo mucho tiempo creando oportunidades para humanos, muchas personas ya han encontrado pareja por mi culpa, y aquí es donde aparecen nuevos retos y problemas, porque acuérdense de que lo difícil no es llegar... sino mantenerse, así que aquí les va mi **TOP 5 DE DRAMAS MÁS COMUNES ENTRE PAREJAS**, y sus posibles prevenciones y soluciones; ya llegaste, no se te vaya a caer el numerito,

¡Atenshon!:

🌀 **Celos.** No saben cuántas veces he oído o me han llegado casos de parejas que se separaron por celos. En castellano: "Me da tanto miedo que me dejes o me engañes (aunque estés conmigo y todo esté bien) que voy a hacer cosas que sé que no te gustan para que de verdad suceda, para que te hartes de mis inseguridades y ahora sí en serio me dejes o me engañes". Eso es lo que son los celos hijos e hijas mías, y no está *cool*, no es sexy, a NADIE le gusta una pareja celosa. Tu pareja se enamoró de ti, de aquel o aquella que en las primeras 10 citas no era celoso o celosa, de la persona que llegó a su vida siendo linda, amable, cero inseguridad, caballerosa, divertida y con CONFIANZA en sí mismo o en sí misma, aquel de la GRAN PRIMERA IMPRESIÓN y no del desagradable y nada atractivo "arma panchos" porque alguien se te quedó viendo o te mandó un mensaje. ¡Por Dios!

Me pasó a mí.

Fui a una comida de una amiga en Cuernavaca. Ella se pone a platicar conmigo, pues hacía mucho que no convivíamos. El -no-tan-brillante- novio le arma un escena de celos que deriva en que ella se salga de la casa, ¿adivinen en los brazos de quién terminó desahogándose esta chiquilla?... y pudo haber sido peor aún, ¡yo podría haberme aprovechado de su vulnerabilidad y mis conocimientos del lado oscuro de la fuerza! (entra música de Jedi's), y llevarla a "pecar".

Le pasó a mi amigo.

Va a una cena con su novia; él hace un comentario de que X chica está muy sabrosa, la novia lo escucha y se la "arma de jamón", hace berrinche y se va ofendida. Él se queda enojado y, ya con lubricante social ingerido, ... la "manzana de la discordia", que por cierto tenía un cuerpo brutal, ve el campo libre y le coquetea al *dude*... el resto es una trilogía (y no precisamente de guerras interestelares, sino más bien de intercambios genéticos). Todo lo anterior se hubiera evitado si la novia celosa de mi cuate hubiera entendido que los hombres somos visuales; no se lo hubiera tomado personal y hubiera usado otra estrategia para demostrar que por muy *sabritas* que estuviera la otra chica, ella seguía, y por mucho, siendo el premio mayor. Pero decidió hacer berrinche. Tontis.

Le ha pasado a muchos clientes míos.

Salen o andan con una chica; alguien más le escribe o le tira la onda a la chica, el novio se encela, la "arma de pedo" y pelean. Esta historia se repite unas cuántas veces hasta que la chica en cuestión se harta de los celos y la posesividad del novio y empieza a pensar en dejarlo o cambiarlo por un modelo más nuevo y menos "oteloso". Resultado: el *wey* que tenía novia y estaba feliz, ahora está sólo en su casa viendo *porn*, y mandó a su querida, ahora exnovia, directito a los brazos del siguiente interesado.

Te va a pasar a ti.

Él va a tener una amiga o varias; ella va a ser perseguida por algunos perros; él va a voltear a ver a otras en la calle; algunas chicas intentarán sonsacarlo; lobos lujuriosos intentarán bajártela; él va a fantasear con otras; ella tiene amigos hombres; él ve pornografía, etc… Mientras ninguna de estas actitudes sea extrema, sugiero dejarlas pasar.

Mujer: déjame recordarte que lo que tú tienes como pareja es un hombre. Un animal visual-sexual diseñado por la madre naturaleza para fecundar todos los óvulos posibles.

Ya te lo voy a decir sin eufemismos, ni endulzantes artificiales. Las infidelidades de nosotros los hombres son casi siempre sexuales, únicamente sexuales. Las mujeres, al pensar como mujeres, creen que una infidelidad del hombre es igual a la de una mujer y no lo es, porque nosotros casi nunca metemos el corazón en la cama; bueno, exceptuando la leyenda que les conté hace rato;) ¿Quieres reducir las posibilidades de que te sea infiel? Esto es lo que sí debes de hacer:

-Conviértete en una fiera en la cama. La sociedad ha dicho que no, pero la naturaleza dice otra cosa, por algo tienes lo que tienes. No es algo para avergonzarte; explóralo, por ti.

-Convierte tu cuerpo, cara e imagen en lo más parecido a la chica de la que él se enamoró originalmente.

-Sé su amante, coquetéale, mándale fotos, juega con su mente.

-¿Hay otra chica por ahí que te preocupa? Supérala (pensando como hombre, no se trata de que estudies otro posgrado).

-Mándalo a la oficina deshidratado y contento (a las que no entendieron pregúntenle a un hombre).

-Deja de pensar que ya se enamoró de otra o que te va a cambiar, lo más probable es que sea (en orden de susto) sólo coqueteo para seguir sintiendo que "I still got it", sólo una fantasía sexual o *worst case scenario*: sólo sexo.

No, no soy machista, ni justifico a mi género, sólo quiero que tengan toda la información posible REAL para poder superar algo tan fuerte como nuestra estúpida necesidad de variedad, porque como éstas, tengo muchas historias de terror y no quiero que tú protagonices la que sigue.

Hombre: déjame recordarte que cuando conociste a tu chiquitota, ella tenía amigos, libertad, salidas sólo con amigas, fans, perros tras ella, etc., así la conociste. El chiste de estar en una relación con ella es sumar, no quitarle cosas. Siempre habrá alguien tras tu chica, siempre alguien la va a voltear a ver, siempre. Pero, ¿qué crees? ¡Ella está contigo baboso!

Ella está contigo porque cuando te conoció, en lugar de darle problemas por cosas como ésta, eras lindo, tierno, alivianado y te aplicabas para conquistarla (no estabas tan gordo como ahora, por cierto). En lugar de pelear porque tenías competencia, le ganaste a la competencia. Ok, ¿qué podemos aprender de eso?

Con manzanitas. ¿Quieres perderla? Sé posesivo y célala. ¿Quieres que te ame y sea tu fan número uno del mundo mundial *to infinty and beyond*? Gánale a la competencia diario. Sé el mejor conquistador todos los días, aplícale todo lo que sabes de "eL efecto Leopi"© :D (entra "Mr. Right" de Garth Brooks, ¡yeeeeehaw!).

Les dejo dos pensamientos importantes:

Chicas: el celo de un hombre hacia ti NO ES ROMÁNTICO. Es un foco rojo, es un indicativo de que la cosa se va a poner fea después, cúrate en salud y no lo toleres desde la cita uno, avísale que eso, contigo, no va; cuéntale en esa cita que tienes 234 amigos hombres, noche de chicas solas semanal y cinco mejores amigos. Créeme, me lo vas a agradecer.

Tornillos: ¿eres celópata? Eso es tan looser y patético que demuestra el diminuto tamaño del _____ del celoso. Estás aprendiendo "eL efecto Leopi"©, no puedes ser celoso. En "eL efecto", todos queremos convertirnos en la mejor versión de nosotros mismos. ¿Cuándo has visto un perfil que diga: "Soy noble, honesto, trabajador, guapo, ah y celoso"? ¿No verdad? Si no lo puedes controlar, ve a terapia, métete al gym y saca ahí tus demonios, tómate un Tafil, no sé, pero una cosa sí te digo...

La manera más rápida de perder a una pareja, es celar a esa pareja.

Repetir 3 veces al día hasta sentir la mejora.

Esto, no.

Bueno, continuemos en lo que estábamos pues...

◆ **Infidelidad.** Ahí sí pa'que veas, si tu media toronja te juró lealtad, fidelidad o exclusividad y no la cumple, pues ahí sí *jodiose* la cosa. Hay quienes deciden perdonar, hay para quienes esto es el final (porque llegando a la fiesta, te veo besándote con otro... qué poca m....e emocioné, usté disculpe), y ambas son válidas, pero hay que recordar que perdonar a veces puede significar "dar permiso". Ya sé, ya sé que no, pero cuando perdonas una infidelidad sientas el precedente de que una falta tan grave fue perdonada. Es como si yo llego tarde a recogerte y no me lo haces notar, pensaré que está bien y pues... luego no te quejes si siempre llego tarde, ¿no? Aquí tienes que ser súper honest@, contigo mism@; si para ti, una infidelidad es imperdonable, ni le busques, porque aunque lo hablen y lo "arreglen", para ti siempre estará ese "algo que se rompió" y tarde o temprano se lo vas a reclamar, y no vas a volver a ser feliz al 100%, y tanto tú como la otra persona merecen una relación linda. Ahora, que si de verdad de verdad de verdad pero de verdad *verdaderísima* crees que es algo que puedes manejar, primero asegúrate de que la otra persona esté arrepentida, y lo hizo sin pensar (porque puede pasar que en realidad lo hizo porque inconscientemente buscaba terminar la relación), y si deciden intentarlo UNA vez más, se habla una vez, se arregla pa'siempre, y se empieza con borrón y cuenta nueva... borrón significa: "Nunca usaré el asunto en discusiones futuras". En caso de reincidencia... pues yo diría que agarres tus triques, y te alejes del o de la milamores. *Au revoir*.

◊ **Falta de tiempo, comunicación y de hablar el mismo idioma** (hablar hombre o hablar mujer). El marido que trabaja demasiado porque su prioridad es hacerse millonario; la chica que no entiende por qué él no quiere hablar con ella al llegar del trabajo, o por qué en lugar de apapacharla cuando ella tiene un problema, él sólo quiere "resolverle el problema". El novio que se enoja cuando ella dice que estará lista en cinco minutos y se tarda 45; el hombre que considera sin relevancia no ir a la comida familiar de su novia, sin pensar o saber que ella ya le dijo a todos que iban juntos y lo contaron para la comida, sumado a que todas sus hermanas van con pareja. ¿Ven?, para eso está *El instructivo* del que les voy a platicar en el siguiente capítulo; si na'más lo leen por chismosos para saber cuáles son mis "reglas", tache, agarren una hoja y una pluma, y hagan el suyo; nunca es tarde, y mucha de la falta de comunicación se puede arreglar *desdendenantes*.... si quieren, desde ahorita, vayan a la página *113* pero ¡ándenle!, vayan, yo aquí espero.

◊ **El dinero** (ésta es más de casados). ¿Pero te querías casar a los 22 verdad? Te pagan el mínimo, no tienes para una estufa que sirva, tu novia no consigue trabajo y todavía se te ocurre que es buena idea tener un bebé. Para colmo de males se te ocurrió que la primera persona con la que anduviste era la mejor persona del mundo, ¿sabes cuáles son las probabilidades de que eso suceda? El dinero no compra la felicidad ni el amor, pero te juro que ayuda a mantenerlo.

¿¡Cuál es la prisaaaa!?

◊ *Timing*. Él se quiere ir con los amigos; ella quiere cucharita peliculezca en casa; él quiere una moto y ella se enoja porque él no la invita a ningún lado; él todavía quiere ligar, ella lo presionó / convenció de casarse porque sus *amiguis* ya se estaban casando, etc., y créanme que cuando el *timing* está mal, todo se complica. Es importante darse cuenta.

¡Tranquilos!, ¡tranquilas!, vamos a las soluciones:

✓ **HABLA Y ESCUCHA.** (Duhh) Cuando algo te moleste, no te guste, vaya contra tus principios o lo que sea, díselo a la otra persona en el instante y asegúrate de que lo sepa y lo entienda (ojo, esto no quiere decir que hagas un drama. Hablar y escuchar no es sinónimo de reclamar; el chiste es llegar a un acuerdo, no desatar la Tercera Guerra Mundial, nada de que al rato digas: Leopi dice que está bien armar un drama, ¿estamos?). No hay nada peor que la incertidumbre, o que te dejen de hablar sin saber qué está pasando y empieces a hacer películas de terror en tu mente (con música de Chucky, Viernes 13 y Halloween), películas que además afectarán profundamente a esa relación en el futuro. Después ESCUCHA la versión de la historia de la otra persona y hasta que tengas todos los elementos posibles del acontecimiento, emite tu juicio. Si no estás segura o seguro de qué hacer, pregúntale a alguien objetivo que no tenga metidos sentimientos como tú, que sea experto en el tema y pueda pensar más claramente. Y ya con todo esto puedes decidir si lo acontecido es lo suficientemente grande, o no, como para discutir, poner un castigo o pelear. Eso sí, si lo que vas a discutir es por celos, sugiero mejor ir al gym o a correr y sacar eso ahí. Aquí la palabra clave es

CONFIANZA.

✓ **APRENDE A HABLAR Y A ESCRIBIR.** Recuerda que todo tiene varias interpretaciones, sobre todo si se trata de algo escrito en un chat, mensaje, post, tuit, mail, etc. El no poner un signo de interrogación puede convertir una pregunta en una orden, y la falta de una coma cambiar todo el sentido de una frase; por eso es tan importante el punto anterior, literalmente. Por ejemplo: "No quiero que vengas" y "No, quiero que vengas" ¡significan exactamente lo contrario! Si te llegara a pasar, deja de escribir y llama o habla en persona ANTES de armarla de jamón (dícese del mexicano acerca de armar un problema y una pelea *nomás* así, por puro gusto). Pero no es sólo la ortografía, es todo lo que vayas a emitir: por ejemplo, para una ex mía, el emoji de la *manito* con el dedo pulgar hacia arriba significaba un "sí" sarcástico, o sea, pensaba ¡que le estaba dando el avión!

✓ **NO TE TOMES NADA PERSONAL.** Hay miles de razones por las que una persona podría actuar de una manera u otra, y no siempre tienen que ver contigo ni con algo que hayas hecho tú. No te tomes las cosas a pecho hasta que sea 100% seguro y plausible que el problema eres tú... y aún así, yo no lo tomaría personal, porque lo que sea que te digan, sigue siendo la opinión de alguien más.

✓ **PONTE EN LOS ZAPATOS DE LA OTRA PERSONA.** ¿Por qué razón hizo lo que hizo? ¿En qué situaciones está en este momento de su vida, en qué *timing*, problemas, situación laboral, familiar, sentimental, etc., se encuentra? Y, la más importante, ¿cómo habrías reaccionado tú ante la misma situación si estuviera invertida?...

¿ah verdad?

✓ **ESCOGE TUS PELEAS.** ¿De verdad vale la pena pelear, dejarse de hablar, ofenderse, por X situación? Habrá algunas que claro que lo ameriten, pero habrá otras que se podrían haber resuelto con una pequeña plática o mini aviso de molestia y sin embargo aún así escogiste pelear, sin pensar cuánto afectaste a la relación en ese momento y a largo plazo. Piénsalo. Además, una lucha de poderes no es una relación, es una competencia agresiva de la cual al menos uno no saldrá ileso.

✓ **APRENDE A ACEPTAR O HASTA A ADOPTAR.** Si ya "metiste la pata" (esto es, si te equivocaste pues) y fue tu culpa algo, es igual que alcohólicos anónimos... el primer paso es aceptarlo. Si tú no fuiste el que metió la pata pero aún así hiciste sentir mal a la otra persona, discúlpate por eso y, por último, si la culpa es completamente de la otra persona, pero no vale la pena pelear y afectar a la relación, habrá veces en que será mejor adoptar una posición de disculpa para detener una pelea. Créeme. No vale la pena. La vida es muy cortica.

✓ **NEGOCIA.** En ejemplos: tú dices "Como yo quiero esto, estoy dispuest@ a ofrecer esto" o "A mí me molesta que hagas esto, pero como sé que te molesta que yo haga esto otro, estoy dispuest@ a cambiarlo". ¿Me entiendes? Todo es más fácil con un poco de negociación, ahora nada más acuérdate de cumplir tu parte del trato (revisar el Contrato, el Instructivo y los Matripuntos en este libro, que no los puse nomás por llenar páginas).

✓ **ANALÍZATE.** ¿Qué clase de decisiones tomas si estás enojado o enojada? Seguramente no muy buenas, ¿no? Y en ese caso, ¿no sería mejor hablar después con la persona y no en el preciso instante en que te está hirviendo la sangre? Ahora, si te vas por ese camino, es importantísimo que la otra persona sepa que quieres parar, enfriarte y hablar ya con la cabeza menos caliente, en un rato, unas horas o unos días después. No te vayas así nada más sin avisar porque la otra persona puede malinterpretarlo y hacer una película de terror en su cabeza y empeorarlo todo (si has visto *How I met your mother* la pareja melosa de Lilly y Marshall tienen algo bien *cool* que se llama "Pause", y literal es una pausa en la discusión, tú puedes usar ésa o tu propia palabra clave, pero el chiste es que todos estemos contentos). Ahora, si eres como yo, Leopi-amor-y-paz-nada-de-gritos-ni-sombrerazos-arreglemos-el problema-ahorita-antes-de-que-se-agrande-Castellanos, entonces sería bueno que sepas cómo funciona tu pareja, porque si la otra persona no funciona así... alguien tiene que ceder... alguien tiene que ser la persona más grande.

Voto por ti.

✓ **NO HAGAS PELÍCULAS DE TERROR EN TU CABEZA.** Antes de pensar: "Ya no me quiere, seguro se fue con otr@, me esta engañando, me mintió, etc.". ¡Dale el beneficio de la duda a la otra persona! Se supone que l@ quieres y confías en él o ella, ¿no? Pues hazlo, deja que sea inocente hasta que se compruebe lo contrario. Además, el cerebro es una máquina muy potente, tu película de terror te afectará a la larga aunque descubras que todo era una alucinación tuya. La peor parte es que, si armas un problema o discusión basada en una película de terror que tú inventaste, afectarás mucho la manera en la que te ve y lo que siente por ti la otra persona. Di sí a la comedia romántica y di no al terror, di no al drama y di no a las drogas.

✓ **PIENSA EN LO BUENO.** Hay muchas razones muy buenas por las cuales estás con esa persona. Las razones se empiezan a tornar en cosas sin importancia con el paso del tiempo, la costumbre, los problemas y las variables externas a sus sentimientos, y otras N razones. Antes de enojarte, discutir, pelear o cualquier actitud negativa, haz un repaso de todo esto bueno que has tenido y decide bien qué hacer.

Compara, haz una lista de pros y contras, haz escenarios de los resultados de lo que quieres hacer, no hagas nada al aventón, plisito.

✓ **QUE TAN BUENO ES TU "PRODUCTO"?** Si te pusieron los cuernos... ¿no crees que pudo haber sido porque tú no eras exactamente la persona o pareja ideal para tu galán o galana?, ¿qué impresión le das ahora?, ¿cuánto confía en ti?, ¿qué tanto cumples lo que prometes?, ¿qué tanto cuidas tu imagen, tu físico, tu aspecto, tu higiene, tu ropa?, ¡vaya!, ¿eres igual o más que la persona de la que se enamoró originalmente?, ¿podrías serlo más? o ¿ya no eres?... Hasta los teléfonos celulares tienen versiones nuevas y mejoradas; y se hacen largas filas por comprarlas; nunca dejes de mejorar, por tu pareja, pero más por ti.

✓ **PLANEA.** A las grandes empresas les va rebien porque planean todo... TODO, incluso el plan de contingencia en caso de que haya crisis. Haz lo mismo, ahorra antes de casarte, vive la vida de solter@ primero, piensa qué imagen das al conocer gente, sobre todo tu primera impresión, infórmate, practica, confía y genera confianza, sé ESPECTACULAR. Además, asegúrate de saber en qué *timing* están las otras personas ¡y tú! Así será más fácil hacer acciones que generen resultados positivos y no pierdas tu tiempo.

Espero poder contribuir para evitar cicatrices, cuentas de hospital, platos rotos y cajas de *Kleenex*, pero ya en serio, te quiero dejar con algo en la mente: ¿ya encontraste a la persona que parece ser la indicada? Entonces, ahora cuídala y cuida esa relación, nunca sabes cuándo algo que no tenía importancia puede significar el fin de todo, y luego arrepentirse está del nabo, más aún si la cosa ya no tiene salvación, créeme, muchas veces no valía la pena pelear.

-OOOOOOOOHHHHHHH... sea ¿cómo Leopi?, ya me eché toda la teoría pa'prevenir y resolver conflictos con mi "otro calcetín del par", y sí, te quedó bien chulo el texto y las letras en negritas, aplausos por eso... pero la neta no tengo ni idea cómo ponerlo en práctica-

T-R-A-N-C-U-I-L-O-S mis personitas del amor, ¿cómo creen que los voy a aventar al ruedo así sin herramientas?, ¿pues qué clase de Leopi creen que soy? OBVIO pensé en eso porque soy un Leopi buena ondita y por eso todo el siguiente capítulo es un workbook súper didáctico pa'que se me pongan a trabajar. Así que sin más preámbulos, pasen a la siguiente casilla y ámenme.

Ámonooooooossss.

El Instructivo, El Contrato, Los Matripuntos y La Disculpa

El Instructivo, El Contrato, Los Matripuntos y La Disculpa

No sé por qué a nadie se le había ocurrido esta idea (o bueno, tal vez sí y yo ya me estoy adjudicando el crédito). Todo negocio, sociedad, compra-venta, asociación, renta, préstamo, etc., tiene un contrato. Sin embargo, en las relaciones personales, nunca lo hay... Bueno, hay uno si te casas, pero no hay un contrato interno, ni uno de noviazgo o de amigos con derecho de roce, etc., y eso es lo que les propongo en este capítulo. Ya sé, suena raro, pero tú entrégate.

Todo empezó cuando me empecé a hacer "medio famosillo". Una chica con la que salía empezó a tomarse personales las cosas que se publicaban en mis redes (redes que yo uso para *marketing* de "eL efecto Leopi"©) y, después de varias desventuradas discusiones, me di cuenta de que ella no tenía la obligación de saber que yo uso las redes sociales de una forma diferente a ella, si yo no se lo había aclarado. Lo di por hecho. Entonces pensé que sería increíble que todos viniéramos con un instructivo en PDF.

También lo pensé todas las veces que tuve que explicar que mi ombligo es un área restringida para todo el mundo, incluido yo.

También me ha pasado —y es común que pase— que por no definir los parámetros, los derechos y las obligaciones de una relación, uno de los dos participantes se confunde, enoja o malviaja cuando su pareja hace algo, que para él o ella no entra en los "acuerdos" que quedaron (pero nunca se hablaron), mientras que para la otra persona es hasta obvio.

Tengo una clienta que quería una relación abierta con Nicanor. Nicanor aceptó. Todo muy bien por una temporada, pero las discusiones empezaron cuando él le contó que había tenido sus "quevres" con alguien más. Para ella una relación abierta era monógama, para él no. ¿Qué loco, no? (sobre todo porque la que no buscaba monogamia era mi clienta).

Se me prendió el foco. 💡

Ahí se me ocurrió que era buena idea tener un escrito con todos los "SÍ" y los "NO" de cada persona involucrada en una relación romántica, otro papel con las reglas, los derechos, las obligaciones, etc., vaya, poner un poco de orden, porque "papelito habla".

Entonces, ya con la idea en mi cabeza, lo puse a prueba con algunos amigos míos y después con clientes y... ¡éxito! Ahora que hemos pasado la fase beta, la idea ha sido aprobada; así que hoy, con ustedes: El Instructivo El Contrato, Los Matripuntos, y de pilón, La Disculpa para que ya no chucheen a bolsita.

EL INSTRUCTIVO

Tu tendrás que hacer el tuyo, personalizado con tus gustos, tus manías, tus hechos y demás cosas obviamente, pero aquí te dejo el mío para que te puedas dar ideas de cómo hacerlo en cuanto a estructura, puntos importantes, lo que sí y lo que no, etc... ¿ready?

¡Hola! gracias por adquirir un producto más de mamá y papá Leopi. a continuación te dejamos con el instructivo facilitador para el buen uso, mantenimiento y comprensión de este individuo. enjoy (bajo tu propio riesgo).

Leopi

lo que no me gusta:

✗ Odio con todo mi corazón, mi alma y mi ser la música de banda, prefiero limpiar una fosa séptica, hacer exámenes de próstata en el desierto, o ser plomero del drenaje de la Ciudad de México antes que ser sometido a la tortura y ultraje de tener que escuchar ese ruido (pero no estoy enojado, lo juro).

✗ No me gustan el mole, el betabel, la guayaba, la pera y no como chile (es que pica).

✘ Odio los toros, la cacería y toda actividad que lastime animales.
✘ No aguanto que me toquen el ombligo y nos soy fan de las cosquillas.
✘ Hablar seriamente, discutir, pelear, reclamar o presionarme no son la mejor de las ideas.
✘ Ni de broma iría a acampar, di no al mosco y sí al "ideal standard".
✘ Tampoco soy fan de entrar a las iglesias
✘ Me molesta de sobremanera que hables conmigo y al mismo tiempo veas tu celular.

lo que sí me gusta:

☞ Mi comida preferida son los sándwiches, los tacos de frijoles, la lasagna y el hígado cocido de pollo (sí, leíste bien).
☞ Amo el rock, el country y la música irlandesa, basicamente la música es mi vida.
☞ Hacer ejercicio y que mi pareja lo haga, es fundamental.
☞ Escuchar música, ir al cine, viajar, probar cosas nuevas, hacer música, ir a conciertos, tocar con mi grupo y las frotaciones horizontales son las actividades preferidas de su servidor.
☞ La mujer con pelo largo, cuerpo trabajado y sexosa siempre tendrá ventaja en mi lista de requisitos.

prioridades en ésta época de mi vida.

✓ Mi familia
✓ Mi trabajo
✓ Mi banda
✓ Mi pareja
✓ Viajar (ojo, esto es ahorita, dispuesto a cambiarlo)

El Instructivo, El Contrato, Los Matripuntos y La Disculpa

objetivos a corto, mediano y largo plazo:

Corto plazo: terminar de crear el imperio de "el efecto Leopi"©.; asegurar la salud y comodidad de mis viejitos; sacar el segundo disco de mi banda; recuperar el cuerpo perdido en el 2015 por exceso de chamba con gimnasio intensivo; viajar; encontrar a la dueña de mis quincenas y ayudar al prójimo.

Mediano plazo: estabilidad económica; pareja; triunfar musicalmente con Los Leftovers; vivir en la playa; ayudar a mucha gente.

Largo plazo: salud; paz; felicidad; comodidad; pareja; internacionalización de Los Leftovers; no sé aún si quiero casarme o tener hijos, pero en una de esas me convencen; hacer mi proyecto musical solista; hacerme putrimillonario y ayudar a más gente.

¡HAZ QUE SUCEDA!

explicaciones pertinentes
la marca

- "eL efecto Leopi"© es un personaje, un actor, una MARCA que tiene ciertos lineamientos y "fama" que vende. NO ES REAL, es como "Chabelo" con su overall y su vocecita de niño, o como "Lady Gaga" y sus irreverencias y ropa loca; hay que diferenciar a "eL efecto Leopi"© de Leonel.

- Las redes sociales son la herramienta de venta más potente de "eL efecto Leopi"©, por eso ahí se hacen y se publican las "historias" y fotos que ayudan a las ventas.

- Lo ideal, en caso de duda o afectación del corazón de la pareja por un post o una acción en una red social, es preguntarle directamente a la fuente (o sea, yo).

- En las redes sociales se mantiene el estatus de Leopi como "sin estatus" por la misma razón que Ricky Martin no salía del clóset (no, no soy gay); es para crear la ilusión de posibilidad y/o una recomendación de parte de las fans mujeres, porque ellas son el 65% del éxito de "eL efecto Leopi"©, lo cual se refleja en el 65% de entrada económica de la empresa.

- Esto puede pasar también en entrevistas de tv, radio, periódicos o revistas.

- NO debe tomarse personal NADA que provenga de una red social de la marca, o de un medio de comunicación masivo (aunque lo diga yo), porque estoy actuando en función de la marca y del personaje, o simplemente no es cierto.

- Hay que tomar en cuenta siempre que le doy tanta importancia a "eL efecto Leopi"© porque esto es lo que me da de comer y mantiene a mi madre viva (cuesta un dineral de doctores y medicinas al mes) y porque puede cambiar mi nivel socioeconómico, cosa que es la prioridad desde hace tres años (¡y lo estamos logrando!) ¡yupi!

☞ Tengo citas con mujeres y hombres varias veces a la semana en restaurantes (asesorías), por si un día te dicen: "lo vimos con una vieja, ¡¿qué pedo?!" (Me ha pasado varias veces).

peticiones extrañas

- 👁 Soy hombre, por lo tanto no soy multitasking, uso el 33% del sistema de comunicación que usas tú, no adivino indirectas, ni interpreto silencios, ni tonos de voz, ni miradas y menos en un mensaje escrito. NECESITO que las cosas se me digan y se me expliquen con manzanitas; plis (además porque soy teto).
- 👁 Hago demasiadas actividades, DEMASIADAS, lo cual, muchas veces me deja poco tiempo libre o poco "attention spam" cuando ando en 3450698 cosas. Sobre todo si estoy haciendo algo visual como trabajar en la compu o escribir.
- 👁 Tengo una mamá y un papá grandes de edad y enfermos, eso muchas veces me estresa y me distrae. Yo hago todo lo de "el efecto Leopi"©, Los Leftovers y ahora, también lo de Cdkids. Aún no he logrado la estabilidad económica que quisiera y sumémosle un poco de crisis de la mediana edad. Todo esto lo aclaro por si de pronto me ves "ausente, estresado, concentrado en otra cosa, o algo así", o si a veces no tengo tiempo o ganas de convivir. Cuando me sientas distante no adivines, no hagas películas de terror y no te lo tomes personal, pregúntame.
- 👁 No tengo mi celular en la mano cuando doy asesorías, cursos o clases. Si no contesto un mensaje o llamada es por esta razón.
- 👁 Hago bromas pesadas.
- 👁 Tengo muchas amigas mujeres... y clientas, fans, stalkers, groupies y haters, REPITO: mujeres. También tengo muchas buenas amigas sudamericanas que me dicen "mi vida o mi amor", igual que se lo dicen a un mesero.

- No me digas "¿por qué no me has escrito o llamado?": escríbeme o llámame.
- Si duermo boca arriba o con drinks adentro, ronco.
- Me levanto de malas.
- No soy fan de las reuniones con niños, de hecho, no voy nunca a una.
- Mi celular es mi oficina, mi negocio y mi consultorio, además de que mamá o papá tienen urgencias seguido, por eso vivo adherido a él.
- Jamás veré tu celular, pero tú jamás verás el mío (aplica para redes y para correos electrónicos).

LO BUENO

- Ya eché todo el desmadre que quería echar con mujeres, así que eso ya no es un issue; he superado mi etapa de querer ser "Mauricio Garcés".
  - Me gustas tú, te encontré y quiero estar contigo.
    - Toco el piano.
      - Bailo.
        - Soy una buena inversión a futuro porque aún no soy millonario pero está en mis planes.
          - Muy trabajador, simpático, buen conversador, detallista y superdotado. ;)
            - ¡Cocino!
            - No fumo y no bebo... bueno poquito.
            - No soy celoso (aquí sí espero aplausos o algo).

¡Listo chiquillas y chiquillos! Ése es un ejemplo de mi instructivo. Yo sé que están pensando: ¿esto qué?, que ni al caso, y que hay cosas que hay que descubrir en el camino, que ¿dónde quedó la magia?, pero no se claven; este instructivo en particular, por ejemplo, es buena idea cuando ya has salido un poco con la otra persona, sabes que las cosas se están dando y hay suficiente confianza. Además, es súper útil hacerlo recíproco, o sea pedirle a tu víctima que haga su instructivo para estudiarlo.

Esta propuesta hace que:

- ☞ Si la chica en cuestión me iba a invitar a ver a "El Recodo", o a "La Arrolladora", no lo haga y se salve de que yo tenga que fingir un cólico.
- ☞ Si el bizcocho en cuestión me iba a hacer una ensalada de betabel, sepa que es mejor hacerme un sándwich de jamón con frijoles.
- ☞ Si el bombón en cuestión quiere tener hijos en el 2016, sepa que tal vez yo no sea su mejor opción.
- ☞ Si la mujer interesada ve una publicación mía con otra "unidad", sepa que puede ser sólo *marketing*, fan, *stalker* o clienta.
- ☞ Si la fémina involucrada recibe una "ayudita" de su amig@ diciendo que me vio comiendo con otra "unidad", sepa que eso podría ser una asesoría y no necesariamente poligamia, cornucopia o película de terror.
- ☞ Ella entienda que a veces no puedo hacer cosas o estar presente por trabajo, papás, ensayos o viajes. Sabrá por qué casi casi traigo el celular engrapado y probablemente no me invite al bautizo de su sobrinito Eleazarsito.

¿Vieron qué bonito? Hablando se entiende la gente carajo. :D

¿Pasamos al contrato?

> MANTÉN LA CALMA Y FIRMA TU CONTRATO

El CONTRATO

CONTRATO DE PRESTACIÓN DE SERVICIOS NOVIESÍSTICOS QUE CELEBRAN POR UNA PARTE _____ DENOMINADA A PARTIR DE AHORA COMO "LA EMPAREJADA", QUIEN DECLARA NO ESTAR LOCA Y FIRMARÁ ESTE CONTRATO, Y POR OTRA _____, DENOMINADO: "EL EMPAREJADO", QUE TAMBIÉN DECLARA NO TENER PROBLEMAS PSICOLÓGICOS. AMBOS FIRMAN ESTE CONTRATO Y EN LO SUCESIVO SE LES DENOMINARÁ "LA PAREJA", AL TENOR DE LAS DECLARACIONES Y CLÁUSULAS SIGUIENTES:

DECLARACIONES

I. DE "LA EMPAREJADA":

I.1 Tiene la facultad mental para firmar el presente contrato siendo mayor de edad y que formalmente declara bajo protesta decir la verdad.

I.2 Que su interés incluye una relación de pareja con "EL EMPAREJADO", con sus respectivos derechos y obligaciones.

I.3 Que para efectos del presente contrato señala como domicilio _____, con el teléfono _____.

I.4 No tener una relación de este tipo, ni de ningún tipo carnal, amoroso, romántico, sexoso, físico o sentimental, ni planea tener una a futuro, con alguien fuera del presente contrato. En todo el planeta y galaxia conurbada.

I.5 No haber mentido en todo lo que ofreció, declaró y prometió en toda la época previa a la firma de este contrato

II. DE "EL EMPAREJADO":

II.1 Tiene la facultad mental para firmar el presente contrato siendo mayor de edad y que formalmente declara bajo protesta decir la verdad.

I.2 Que su interés incluye una relación de pareja con "LA EMPAREJADA", con sus respectivos derechos y obligaciones.

I.3 No tener una relación de este tipo ni de ningún tipo carnal, amoroso, romántico, sexoso, ni físico ni sentimental, ni planea tener una a futuro con alguien fuera del presente contrato. En todo el planeta y galaxia conurbada.

I.4 Que su domicilio legal se encuentra ubicado en _____.

I.5 No haber mentido en todo lo que ofreció y prometió en toda la época previa a la firma de este contrato.

CLÁUSULAS

PRIMERA.- "LA PAREJA" se compromete a definirse, presentarse, tratarse y publicarse como novios entre ellos, en público y en redes sociales existentes o por existir. Se compromete a tratarse como novios amorosos por la duración de este contrato, lo que implica tratarse con respeto, con amor, sin violencia, dedicando tiempo, dinero y esfuerzo e invirtiendo todo lo necesario en hacer que esta relación funcione física, mental y espiritualmente de una forma positiva y creciente.

SEGUNDA.- "LA PAREJA" se compromete a arreglar cualquier enojo, diferencia de opiniones, molestia, incomodidad de la otra persona, lo más rápido posible y de la mejor forma.

TERCERA.- "LA EMPAREJADA" se compromete a leer el instructivo de "EL EMPAREJADO", para saber cómo tratarlo, entenderlo, ayudarle y hacerlo feliz, lo más posible.

CUARTA. "EL EMPAREJADO" se compromete a leer el instructivo de "LA EMPAREJADA", para saber cómo tratarla, entenderla, ayudarla y hacerla feliz, lo más posible.

QUINTA.- "LA PAREJA" se compromete a evitar todo tipo de molestias, enojos, jetas y a jamás recurrir a la VIOLENCIA. "LA PAREJA" define como violencia lo siguiente: maltratos, faltas de respeto, groserías, golpes, jaloneos, violencia psicológica, burlas, insultos, plantones, violencia física, y básicamente cualquier cosa que haga sentir de una forma negativa al otro humano.

SEXTA.- Si "EL EMPAREJADO" es el afectado, él mismo determinará las medidas a tomar cuando la otra parte incumpla la cláusula QUINTA.

SÉPTIMA.-Si " LA EMPAREJADA" es la afectada, ella misma determinará las medidas a tomar cuando la otra parte incumpla la cláusula QUINTA.

OCTAVA.- "EL EMPAREJADO" se compromete a ser extra comprensivo, paciente y apapachador los días del mes que "LA EMPAREJADA" se ve afectada por el pago de su mensualidad genética, en caso de desequilibrio hormonal o embarazo. Así también, "LA EMPAREJADA" se compromete a no preguntar, no querer compartir y dejar sólo a "EL EMPAREJADO" cuando este ésté tratando de resolver un problema.

NOVENA.- "LA EMPAREJADA" se compromete a darle acceso ilimitado a las siguientes partes de su anatomía a "EL EMPAREJADO":

Boca

Manos

Espalda

Cuello

Trasero

Boobs

Piernas

Parque de diversiones

_____

_____

Pero están fuera de los límites permitidos las siguientes zonas: a)_____ b)_____ y sobre todo c)_____.

DÉCIMA.- "EL EMPAREJADO" se compromete a darle acceso ilimitado a la "EMPAREJADA" a toda su epidermis y anatomía excepto:

Zonas de salida de elementos tóxicos y _____.

DÉCIMA PRIMERA.- Ambas partes convienen expresamente en que si decidieran, de común acuerdo, terminar la relación, se darán buenas explicaciones, se hará en paz y sin discutir ni gritar, y se avisará con tiempo por los compromisos que pudieran haber sido previamente establecidos.

DÉCIMA SEGUNDA.- Ambas partes se comprometen, como obligaciones y derechos del presente contrato, a ofrecer y recibir las siguientes prestaciones:

-Fidelidad (monogámica) con respecto al físico de cada persona de "LA PAREJA". Esto implica que no se puede tocar con ninguna parte del cuerpo, besar, abrazar ni tener sexo (penetración de cualquier entrada de un cuerpo ajeno) con otra persona. También implica fidelidad mental y cibernética: o sea, no se puede coquetear, salir, convivir, conversar (fuera de contextos normales como: trabajo, familia y amistad), con otros individuos e individuas.

-Esto aplica de la misma manera en toda red social, servicio de chat, mensajes de texto, llamadas, videollamadas, en persona, etc.

-Honestidad (excepto cuando "LA EMPAREJADA" pregunte acerca de su físico y no sea prudente la honestidad, o "EL EMPAREJADO" pregunte acerca del tamaño de su "arma", o desempeño sexual y éstos no sean exactamente material para pornografía).

-Detallismo. Dícese de ser detallista y regalar cosas, recordar fechas, organizar planes, viajes, momentos, etc., personalizados a los gustos de la otra persona SIN QUE LA CONTRAPARTE TENGA QUE PEDIRLO.

-Amorosidad. Se refiere a demostrar con actos y no sólo con palabras, los sentimientos que tengan el uno por el otro con flores, regalos, cenas, comidas, viajes, cartas, mensajes, mails, posts, tiempo de calidad juntos, etc.

-Uso correcto de redes sociales. No andar ligoteando, dando likes a personas no gratas para el otro 50% de la pareja, y darle su lugar a ese mismo 50%. Poner la relación en el estatus; de cada cinco fotos que se tomen juntos, dos tendrán que ser subidas a la red y el mínimo de publicaciones es una semanal.

-No celar a la otra persona, de ninguna forma y no hacer cosas que puedan generar esta sensación en la contraparte.

-Trato respetuoso, amable y cordial a los amigos, familiares, mascotas, hijos, exnovios, exnovias, empleados, socios, jefes y gente por venir al planeta de "LA PAREJA".

-Visión a futuro del crecimiento de la pareja y poder pasar al siguiente contrato (matrimonial) en un máximo de _____ años.

-Comprensión (previa explicación) en la velocidad de respuesta de chats y llamadas.

-Apoyo, compañía y apapacho en momentos difíciles.

-Dejar sol@ a la otra persona cuando ésta lo requiera.

-Presencia en el 75% de los eventos familiares mensuales.

-Presencia en el 100% de bodas de amigos y familiares.

-Derecho a una noche con amig@s sin pareja cada quincena (o dos con buen comportamiento, véase la sección de Matripuntos)

-Sexo ocho veces al mes (mínimo, y únicamente uno con el otro).

-Comunicación pronta y clara de todo aquello que uno de los dos pueda sentir, oír, leer, malinterpretar, enterarse de, o cada cosa que estén sintiendo que de alguna manera pudiera afectar este contrato.

-Cada quien debe tener y respetar espacios separados, así como no basar ni centrar su vida, ni su felicidad en la existencia, acciones o actividades de la CONTRAPARTE.

-Ser una persona trabajadora, con ambición y ganas de mejorar. Siempre luchar e ir hacia adelante, aún en momentos complicados.

-No tener adicciones, enfermedades contagiosas, crónicas o degenerativas, problemas psicológicos o un pasado que no haya sido hablado y que vaya a aparecer en unos años en la puerta en su bicicleta.

-No pertenecer a cultos, sectas o religiones evangelizadoras clavadas e intensas y respetar las creencias espirituales del otro humano.

_____ salidas románticas al mes mínimo y de _____ horas de duración.

_____ viajes anuales juntos.

_____ disposición siempre a negociar o renegociar los términos de este contrato conforme la relación avance.

-Ninguno de los dos tiene derecho a revisar el celular de la otra persona, ni a pedir passwords de redes sociales, correos electrónicos y demás medios de comunicación existentes y por existir.

-"EL EMPAREJADO" y "LA EMPAREJADA" están de acuerdo en que del 100% de inversión económica en eventos de "LA PAREJA", será de _____ % por parte de "EL EMPAREJADO" y de _____ % por parte de "LA EMPAREJADA". O sea quién paga qué en viajes, cenas, cines, carreteras, etc.

-"LA EMPAREJADA" se compromete a bajar lo más posible la cantidad de información que utiliza, la cual debe de ser directa y concisa, durante las discusiones con el "EL EMPAREJADO".

-"EL EMPAREJADO" se compromete a aumentar la cantidad de información que emite en general, siempre.

(AGREGUE UD. AQUÍ QUÉ MÁS QUIERE OBTENER DE ESTA RELACIÓN)

DÉCIMA TERCERA.- Prohibiciones.

1. "Picar" para provocar celos.

2. Comparar con ex's en voz alta.

3. Dejar que se metan las familias en los asuntos de la pareja.

4. Desinvitar a la pareja de algún evento o actividad y si es necesario cancelar, debe hacerse con por lo menos 24 horas de anticipación.

5. Pretender y exigir que pase todo su tiempo libre contigo.

6. Prohibido asumir.

7. Prohibido no explicar algo.

8. Prohibido hacer las cosas que la pareja marcó como "cosas que no le gustan" en el instructivo.

9. _____
10. _____
11. _____
12. _____
13. _____
14. _____
15. _____
16. _____
17. _____
18. _____
19. _____
20. _____
21. _____
22. _____

Te estoy viendo

DÉCIMA CUARTA.- Para la interpretación y cumplimiento del presente contrato, así como para todo aquello que no esté expresamente estipulado en él, las partes se someten a la legislación vigente del cerebro de Leopi y a la jurisdicción de los Tribunales del Distrito Judicial de casa de Leopi; por lo tanto, las partes renuncian al fuero que pudiera corresponderles por razón de su domicilio presente, futuro o por cualquier otra causa; en caso de dudas, tendrán que acudir a Leopi.

Enteradas las partes del contenido y alcance del presente contrato, lo firman para su constancia y validez en dos ejemplares originales, en la Ciudad de _____, a los días _____ del mes _____ del año _____.

_____
"LA EMPAREJADA"

_____
"EL EMPAREJADO"

_____
TESTIGO 1

_____
TESTIGO 2

_____
LEOPI

LOS MATRIPUNTOS

Ya sea que estés casad@, arrejuntad@, ennoviad@, seas amigovi@, u lo que sea, esto te juro que te va a servir. Todos hemos estado alguna vez en una relación con otro humano pensando, ¿por qué no hace esto que yo quiero? Me gustaría que fuera más así o más "asá"... ¿Cómo hago para que sea de tal forma? Ha cambiado desde que _____, etc.

Estoy seguro de que o alguna vez les pasó, o les aseguro que les va a pasar, o si no, le pasó a la prima de un amigo, y ¡es normal!. Todos tenemos un mundo en nuestra cabeza, diferentes gustos, ideas, costumbres, etc., y tener una pareja no debería significar renunciar a todo sino sumar y entenderse, cosa que casi siempre resulta una misión imposible (entra música), pero ¿qué creen mis querid@s churumbeles? todo es posible... si sabes negociar.

Les presento... LOS MATRIPUNTOS.
Y... ¿eso con qué se come?

Fácil. Los Matripuntos son un sistema de negociación entre parejas que inventó su servilleta, basado en que si tu pareja hace equis comportamiento que tú quieras, gana cierto número de Matripuntos que son canjeables por algo que tu pareja quiera, y viceversa.

Todo empezó porque una clienta mía quería que su recién-casado-con-ella esposo volviera a ser tan cariñoso (o más) que antes de casarse. Yo le propuse que aplicara lo siguiente:

> Si él mandaba mensajitos lindos y románticos ganaba 5 Matripuntos por cada mensaje; si era él quien proponía y organizaba salidas tipo cita romántica con ella: ganaba 20 Matripuntos; si tenía detalles con ella, como flores, cartas, dedicaciones de canciones, o hasta regalarle un peluchito sorpresa, generarían 10 Matripuntos, y así sucesivamente.

Estos Matripuntos eran canjeables por cosas que él quisiera, como por ejemplo masajes, sexo oral, convivencia con sus amigos, poder zafarse de comidas con la familia de ella (a veces), y cosas por el estilo; cada quien sus cubas.

Así diseñamos un sistema de Matripuntos para ella y para él, canjeables por cosas que cada uno quisiera y también con penalizaciones, a los que llamamos "Los Antipuntos". Si uno de los dos hacía cosas que disgustaran al otro perdían puntos que al llegar a cierta cantidad generaban castigos (eso fue idea de ella no mía) pero ¿qué creen?...

Hoy, mi clienta tiene al esposo más romántico, aplicadito, lindo, tierno, sensible, limpio, detallista y puntual posible; y él tiene todas las tonterías (dentro de lo normal posible) que se le ocurrió pedir, vaya, creo que hasta pidió tiempo para jugar Nintendo o ver futbol sin interrupciones, no tener que escuchar música de banda en el coche y más cosillas sexosas (lo comprendo perfectamente).

Esta idea se la tomé prestada a un comediante colombiano llamado Antonio Sanint. Si un día tienen oportunidad de verlo o leer su libro: *Todo lo que usted siempre quiso saber pero su papá no le explicó*, no se lo pierdan. ¿Y ven la importancia de ver a comediantes, gente que hace monólogos, conferencistas, etc.? Hasta una gran idea saqué para ayudar a simplificar el proceso de tener y quedarte con una pareja.

Este proceso queridos y queridas, se llama NEGOCIACIÓN. Si ya dominas el arte de la metáfora de PNL y "eL efecto Leopi"©, podrás encontrar las miles y múltiples cosas en donde podrías aplicar puntos. Como con tus hijos, tus empleados, tu pareja y obviamente en los negocios. Si lo quieres usar con alguien con quien apenas estás saliendo, hazlo como un jueguito divertido, que no se sienta que es en serio y matas dos pájaros de un tiro. Ganas lo que negociaste y haces que tus conversaciones se vuelvan lúdicas y emocionantes.

¡Ah! cómo me gusta combinar técnicas.

LA DISCULPA

Querido lector o lectora:

Eventualmente, en algún momento, usted invariablemente la va a cajetear, hará usted alguna tontería, meterá las cuatro patas, la embarrará, etc. Para esas "ocasiones especiales", le he diseñado esta disculpa formal. Haga usted favor de cortarla de este libro, escanearla e imprimir un buen bonche de éstas. Posteriormente pasará usted a repartirlas con sus seres queridos, para ser usadas y entregadas en los casos que la estupidez le gane y cometa usted una barbarie que amerite la entrega de estos documentos. Por favor no abuse de éstos. Determine usted el uso correcto y la frecuencia de uso aprobada por su pareja. Así podrán usarlos correctamente y aprovecharlos en toda su extensión.

Estas Disculpas pueden y deben ser usadas en conjunto con el Contrato, el Instructivo y los Matripuntos,

El Instructivo, El Contrato, Los Matripuntos y La Disculpa

Por favor, si pudiera usted ser tan amable de compartir esta información con sus amigos, estará usted haciendo una labor social por la humanidad, las parejas y la felicidad en general de la población de este —tan venido a menos— mundo, lleno de discusiones y problemas causados por simples faltas de comunicación.

Sin más por el momento le mandamos un saludo cordial desde el ministerio del amor de eL

DISCULPA				
PARA				
DE				
FECHA INFRACCIÓN	comportamiento ❑	acción ❑	falta de acción ❑	palabras ❑

RAZONES PARA MI COMPORTAMIENTO		
Estaba de malas. ❑	No estaba pensando. ❑	Olvidé que eso no te gusta. ❑
Se me acabó mi medicina. ❑	Sólo sucedió. ❑	No me pude resistir. ❑
Me pareció buena idea. ❑	Planeaba una sorpresa para ti. ❑	Estaba cansado. ❑
Me sentí insegur@. ❑	No pensé que te lastimaría. ❑	Tenía hambre. ❑
Me llevaste al límite. ❑	Mercurio estaba retrógado. ❑	Estaba borracho. ❑
Fui egoísta. ❑	Necesitaba aire. ❑	Estoy enamorado de ti. ❑
Se me olvidó. ❑	Tengo un trauma infantil. ❑	Soy un@ idiota. ❑
No sabía. ❑	Estabas cerca. ❑	Me obligaron. ❑
Fue culpa de alguien más. ❑	Te odio. ❑	_____ ❑

Esta nota representa que estoy consciente de que mis palabras o acciones de alguna manera te molestaron, te lastimaron o de alguna forma te afectaron. En el entendido de que cometí un error me disculpo, prometo no volver a hacerlo y aceptaré mi castigo de acuerdo a lo estipulado con anterioridad.

_____   _____
el / la presunto implicad@   testigo 1

_____   _____
el / la afectad@   testigo 2

RECUPERA A TU EX / RESUELVE UN PROBLEMA

Si a ti te mandaron a volar, ¿por qué fue? ¿Qué hiciste o qué dejaste de hacer? ¿Es tu culpa? ¿Es un malentendido? o ¿tú mandaste a volar a la otra persona? ¿La razón por la que la o lo mandaste a volar aún existe? ¿Por qué estás cambiando de opinión ahora? ¿Estás segur@ que quieres recuperar a esta persona o sólo extrañas estar en una relación o estar con alguien? Es muy diferente.

Si después de este autoexamen, sigues convencid@ de que tu —hasta ahora— ex es con quien quieres compartir tus papitas y tu Frutsi, entonces vamos por partes.

Averigua el *TIMING* de la otra persona. Si ya hay alguien más, si hay algún problema familiar, económico, de salud, si por tu culpa se volvió gay, etc., porque todo esto afectará directamente a nuestra maniobra. Si la otra persona ya está empezando a salir con alguien más aún hay posibilidades (pocas pero las hay), si ya sale en serio con alguien más yo no quemaría el cartucho ahorita y, si la otra persona está enamorada o ya es novia de alguien más, sugiero buscar nuevos horizontes por ahora. Sorry. Tome un *Kleenex*.

Pero si el *timing* está más o menos bien y sólo está mal lo que pasó entre ustedes, entonces vamos con todo.

Antes de pasar a la acción directa con la víctima, también quiero que aproveches este tiempo de separación para mejorarte física y mentalmente lo más posible. Quiero que cuando tu ex te vuelva a ver diga: "Wow y est@ qué se hizo que se ve tan bien?".

Ahora sí - Here we go.

Paso 1.

DAMAGE CONTROL

Si metiste la pata duro y por eso te mandaron a volar, o si tú mandaste a volar y ya te arrepentiste, el paso 1 es controlar los daños. Lo ideal es hacerlo por mail. Ya sé, ya sé; es muy impersonal, y se supone que lo ideal es hacerlo cara a cara viendo a los ojos y con el corazón en la mano. Lo sé, y eso lo haremos después, pero por ahora aplica por lo siguiente:

Si la otra persona te mandó a volar, ya te borró del face y te bloqueó en el teléfono, ésta es tu única opción. Si mandas un mail, tienes tiempo de pensar y planear bien lo que vas a escribir (hazlo cambiando de estado a uno positivo, sin enojos, sin reclamos, todo en plan súper lindo y *light*). Es poco probable que la otra persona se haya acordado de bloquearte por ese medio. Tienes mucho espacio para escribir y explicar todo lo que necesites, usa todas las herramientas posibles, como anclas, rapport, cambio de estado, ortografía, redacción, patrones de lenguaje, etc., y lo más bonito: el receptor del mensaje lo leerá una y otra vez (si hiciste un buen trabajo, ese mail será leído varias veces, por ende reforzando tus herramientas aplicadas, ayudándote). Si la receptora del mail es mujer, esta misiva se la enseñará a sus amigas en una junta extraordinaria, y si la hiciste bien, ellas podrían terminar de tu lado y ayudarte.

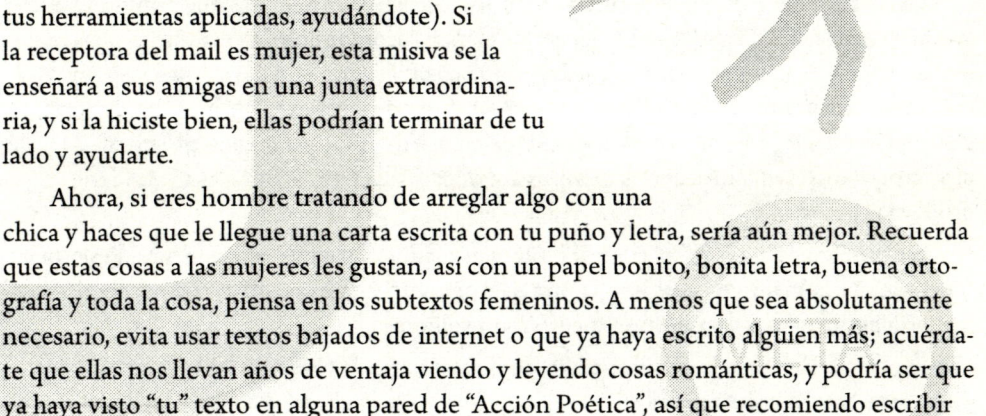

Ahora, si eres hombre tratando de arreglar algo con una chica y haces que le llegue una carta escrita con tu puño y letra, sería aún mejor. Recuerda que estas cosas a las mujeres les gustan, así con un papel bonito, bonita letra, buena ortografía y toda la cosa, piensa en los subtextos femeninos. A menos que sea absolutamente necesario, evita usar textos bajados de internet o que ya haya escrito alguien más; acuérdate que ellas nos llevan años de ventaja viendo y leyendo cosas románticas, y podría ser que ya haya visto "tu" texto en alguna pared de "Acción Poética", así que recomiendo escribir lo que venga de tu inspiración, amorosamente hablando. Pero si de plano tu inspiración es igual a la de un molusco, entonces puedes usar el material de alguien más, vacunando objeciones; ejemplo: Hola Puchunga, lo que vas a leer lo escribió Sutano de Góngora, pero es que yo no pude encontrar las palabras para decirte que...".

EL MAIL

Lo primero que el mail debe traer es una explicación / disculpa. Sobre todo una disculpa (aunque tú tengas la razón). Una disculpa de cómo hiciste sentir a la otra persona, porque a fin de cuentas, sin importar quién sea el responsable de la ruptura, la otra persona se sintió mal por algo que TÚ hiciste. Valida los sentimientos de la otra persona, deja claro que sabes cómo se sintió y que lo lamentas.

La explicación debe ser muy detallada (si eres hombre tratando de recuperar a una mujer) porque puede ser que parte del rompimiento sea por malos entendidos, falta de información, falta de objetividad y por no ponerse en los zapatos del otro (esto último debe ser súper recalcado en el mail).

Si eres mujer tratando de recuperar a un hombre, da una buena explicación, pero no te dejes ir como niño obeso en resbaladilla, sé breve y al grano. A los hombres no nos fascina leer kilómetros de cosas y, si exageras, es probable que se canse de leer antes de llegar a la "carnita" del mail. Sí, somos de lo peor, pero recuerda que es a uno de nosotros a quien quieres recuperar, así que debes de pensar como nosotros.

Después de la explicación de lo que pasó y las disculpas ofrecidas, pasamos a la propuesta.

Paso 1a - No pidas volver, regresar o quedar como si nada. Pide una oportunidad de salir a platicar (es más fácil que acepten). Pide una comida, una cena, o un café (ilusión de alternativa).

Paso 1b. Por último, asegurarle al receptor del mail que la mala situación no va a volver a suceder (Y CUMPLIRLO) y cerrar el mail recordándole las razones por las que tenían una relación en primer lugar. Recordarle cosas buenas que hayan vivido, cosas en las que tenían mucha complicidad, momentos buenos, viajes, el primer beso, cuando se conocieron, etc., haz que cambie de estado y pase de "¡uta! ya me mandó un mail el innombrable" a "¡ah, qué buenos tiempos aquellos!", de cierta forma vas a "venderle el producto" otra vez.

Nota: Estos dos pasos pueden ser intercambiados en cuanto a orden, puede ser que funcione mejor primero cambiar a la otra persona a un estado positivo por medio de recuerdos e imágenes y ya después pedir lo que quieres.

Si el mail funciona, la comunicación será reestablecida (FB, WhatsApp, llamadas y probablemente verse para hablar).

Paso 2. Una vez que la comunicación sea reestablecida, debes de demostrar con hechos que quieres cambiar, mejorar o reparar lo que ocurrió; que lo que pasó fue un error, que no volverá a suceder y asegurarte de recontra venderle el producto otra vez, o sea, aplicarle TODO lo de "eL efecto Leopi"© como si la o lo acabaras de conocer. Es literalmente volver a conquistar a la persona. No pienses que porque ya te perdonó, todo ha quedado como antes de que se rompiera, no señor. Ahora que ya juntaste las piezas de lo que se rompió y lo pegaste con Kola Loka, hay que lijar, resanar y pintar, para que quede cerca de como era antes de romperse, ¿me entiendes? Esto por WhatsApp, en persona cuando se vean, por todos lados.

Paso 3. Es buena idea que hagas un repaso mental de cómo hiciste para conquistar o seducir a esta persona la primera vez; salidas, cartas, canciones, llamadas, producción física, etc., y hagas todo eso además de las avanzadas técnicas de "eL efecto Leopi"©.

Paso 4. Volverse a ver. Piensa que es tu primera cita: prodúcete, cambia de estado, repasa lo que vas a hacer antes de ir, planea, haz que esta primera cita posrecuperación sea ESPECTACULAR. Si habías puesto anclas positivas en la persona, éste es el momento de dispararlas. Dale más razones a la persona para que piense que haber tomado la decisión de volver a verte después de tu mail fue buena idea y asegura una siguiente cita. Un paso

El Instructivo, El Contrato, Los Matripuntos y La Disculpa

a la vez (como alcohólicos anónimos), tienes que trabajar en esto diario.

Paso 5. Si todo vuelve a la normalidad, de verdad asegúrate de que lo que hiciste que causó la ruptura y todo lo que pudiera estar "mal" o causando problemas sea erradicado de la relación, échale ganas, después de todo por "algo" quieres resolver esto y arreglar el problema ¿no?

Ahora sí, mi pequeño saltamontes, ve con mi bendición, sal y reconquista a tu ex (entra "Also Sprach Zarathustra" de Richard G. Strauss).

> ¿Cómo?... ¿Otra vez por aquí?... Dices que fuiste, seguiste la estrategia paso por paso para reconquistar a... y nomás no hubo manera...¡ay mij@!, pues esa también era una posibilidad, difícil, sí, pero posibilidad. Ok, hay gelatinas que cuajan, y otras... pos otras no. Pero quiero que te convenzas de que si hiciste de todo, y esa madera no agarró el barniz, no es tu culpa, así que let it go.... también te voy ayudar a eso, en el capítulo 10... Sobrevive a un truene.

Haz que suceda • Leonel Castellanos   Alfaomega

10

Sobrevive
a un truene

¡UUUFFFF! ¡Qué tema!

Tronaste, te cortaron, te mandaron a volar, te cambiaron por un modelo más nuevo, y/o todas las anteriores y ahora lloras por los rincones, haces burbujitas de moco, contemplas aventarte de la Torre Mayor (no lo hagas) y piensas que nunca encontrarás a alguien igual y que serás el o la acumuladora de los 20 gatos de la colonia que escucha a Arjona, con toneladas de helado en el congelador, y lo peor es que eres intolerante a la lactosa (no… en realidad lo peor es lo de Arjona).

Pues no. No es así; te equivocas. 🚫

Sé que te sientes del nabo, pero yo he estado donde estás tú, varias veces; una de ellas recientemente y lo que yo hice para salir de ese lugar te puede ayudar.

Pasan varias cosas simultáneas cuando terminamos una relación con una pareja; en este caso me concentraré en los casos donde el / la perjudicad@ eres tú.

Los Hechos:

☞ Perdiste a tu pareja (obvio, duuuuh).

☞ Ahora tienes demasiado tiempo libre (el tiempo que le dedicabas a esta pareja), y lo malo del caso es que tu cerebro busca en qué entretenerse y se la pasa repasando este último capítulo de tu telenovela con el o la ahora innombrable.

☞ Todo te recuerda a esta persona, porque además sin querer generaste varias anclas potentes con él o ella (canciones, lociones, lugares, palabras, películas, apodos, etc.).

☞ Tu autoestima se ve afectada porque piensas que el problema eres tú, que te dejó de querer o que dejaste de gustarle (cosa que casi nunca es cierta).

☞ Como no tenías un *backup* (obvio) y además no tienes ganas más que de ir al refri, no hay una actividad que siquiera te distraiga un ratito.

☞ En lugar de tener buenos ejercicios mentales y de PNL para minimizar a la persona y al problema, te la pasas añorando los momentos buenos que tuvieron, cosa que agrava la situación, o repasando el momento del truene para echarle limón a la herida.

☞ Te pasa todo el tiempo por la mente si alguien puede cambiar tan rápido y pasar de ser el amor de tu vida a tratarte peor que lavavidrios del Eje Central, o más bien esta persona estuvo fingiendo o actuando durante toda la relación y te sientes decepcionad@, engañad@ y traicionad@ (hasta acá oí cómo se rompió tu corazón en pedacitos).

☞ Necesitas drenar. Ya vendrá la explicación pertinente.

Seguramente podemos agregar aquí varios hechos más, pero en realidad en lo que quiero que te concentres es en que saber todo esto nos da ahora la oportunidad de solucionarlo.

¿Cómo?

Ja ja ja ja no, así no, perdón sólo quería compartir las cosas que uno se encuentra en internet (les juro que ahí lo encontré, no lo hice yo, además mis técnicas no incluyen orina... casi nunca jajaj —entra "Mi agüita amarilla" de Los Toreros Muertos—). Ahora sí, serios, regresemos al tema central de este capítulo: ¿Cómo solucionamos todo lo expuesto antes de mi pésimo y urológico chiste? Haciendo exactamente lo contrario.

Ahí te voy. Reparemos.

La cura milagrosa del doctor Leopi para superar la mandada a volar del ser querido

1. PERDISTE A TU PAREJA

Sip, esto no está *cool*, pero es un tema a analizar definitivamente. Es importante definir si quieres / puedes y el mundo te da posibilidades de arreglarlo. Si la respuesta es no, continúa leyendo, si la respuesta es sí, sí puedo intentar arreglar o recuperar mi relación, entonces pasa al capítulo 8 y 9 y reléete el libro de "eL efecto Leopi"© si eres tornillo y "eL efecto Leopi para ellas"© si eres tuerca. Si la respuesta fue un "No, l@ perdimos", entonces empezamos a trabajar.

En los libros anteriores acordamos que el requisito número uno, INDISPENSABLE y NO NEGOCIABLE que buscamos en una pareja es que quiera estar contigo, y resulta ser que "innombrable" ya no quiere estar contigo. Entonces, pregúntate: ¿quieres estar con alguien que no quiere estar contigo? ¡No tiene caso! ¿De qué te sirve "andar" con William Levy si no está interesado en ti, si quiere con alguien más, si le vales tres hectáreas de champiñón? Mismo ejemplo pero con Sofía Vergara o la chica de tu elección si eres hombre.

No, no quieres estar con alguien que no quiera estar contigo. De hecho, en el momento que esa persona no quiere estar contigo puedes ir borrando de tu imaginación gran parte de lo que construiste a futuro y darte cuenta de que, de hecho, ahora esta persona es una pérdida de tiempo porque ese viaje, ese departamento, esa boda, ese hijo y ese negocio en pareja ya no están sobre la mesa y tú necesitas a alguien que sí quiera hacer todo eso.

Hay que evaluar también, y aquí tienes que ser brutalmente honest@ contigo mism@, si estás en tragedia porque cortaste con esta persona en particular o porque ya no tienes pareja. No es lo mismo; una cosa es estar enamorado de alguien y otra cosa es estar enamorad@ de tener pareja. Si la respuesta es que estás destruid@ porque esta persona tenía todo lo que tú buscas en una pareja ideal, permíteme recordarte que carecía de lo más importante en cualquier relación. Querer estar contigo.

2. TIENES DEMASIADO TIEMPO LIBRE

Es normal, antes le dedicabas los fines de semana, varias noches de la semana, cientos de megas semanales, y hasta viajabas con esta persona. Ahora que ya no está, todo ese tiempo queda libre. El problema de tener todo ese tiempo libre es ¿qué hacer con él? Mientras no pongas todo ese tiempo en otra cosa que te distraiga lo suficiente, tu "traidor interno" se encargará de usar ese tiempo para recordarte a tu ex y hacer que te la pases mal. Ya sé, ya sé, no tienes ganas ni de salir de la cama, pero dale, prueba, tienes poco que perder y mucho que ganar.

Ahora que hagas lo que te voy a pedir, lograrás convertir esta mala situación en algo provechoso para salir del hoyo y sacarle provecho. ¿Por qué no convertir este caos en algo que te dé buenas ganancias?

Así que las tareas son las siguientes:

El tiempo que pasabas con esta persona físicamente lo vas a reemplazar por ir al gimnasio, aprender a tocar un instrumento musical, tomar clases de baile, ir a conocer nuevos lugares, ir a museos, aprender a cocinar, meterte a cursos, leer libros y retomar tu relación con todos los amigos y amigas que abandonaste por andar de coscolin@. No sólo hablarles de vez en cuando, sino también salir con ellos. De preferencia encuentra actividades que te puedan llegar a apasionar personalmente. El tiempo que pasabas en internet chateando con esta persona lo vas a reemplazar por otras actividades en línea, como editar tus fotos para que luzcas mejor, abrir nuevas redes sociales, hacer que tus perfiles en estas redes te hagan lucir espectacular, revivir a amistades del pasado, encontrar gente, aceptar gente, chatear con ellos y ellas, etc. No lo veas como buscar o encontrar al reemplazo, velo como sacarle provecho a este tiempo libre para aumentar tu *networking* y poder, poco a poco, conseguirte durante esta catarsis, nuevos amigos, negocios, clientes, proveedores y tal vez, eventualmente, a tu nueva nalguita. En especial es buena idea el ejercicio, porque no sólo te distraerá, sino que te dará la oportunidad de patear, gritar, levantar, aventar, tacklear a los demonios que traes dentro. Saca tu coraje ahí y no con los amigos o en el coche, y al mismo tiempo ponte rebuena o rebueno para cualquier eventualidad.

3. TODO TE RECUERDA A ESA PERSONA

Pues sí, es lógico, pero no sólo por lo obvio sino también por haber puesto anclas inconscientes. ¿Recuerdas que en el libro anterior vimos esta herramienta? Se trata de la asociación entre un estímulo y una sensación. Todo estímulo que haya estado presente durante sensaciones potentes tenderá a convertirse en un ancla. Durante la relación es un ancla positiva pero ahora que todo está al revés, esa ancla se ha vuelto negativa porque ahora tres perfumes, ocho canciones, nueve lugares, seis películas, y no sé cuántas cosas más, disparan automáticamente sensaciones que te hacen pasarla mal debido a tu estatus actual.

La tarea es la siguiente:

- ✓ Todas las cosas que tienes que esta persona te dio, regaló, obsequió u olvidó en tu casa, se las vas a dar a un amigo o amiga y le pedirás que te las guarde por unos años. No las tires, no las quemes, no hagas un ritual de cerrar ciclos y esas babosadas. Algún día podrás ver esos recuerdos con alegría de lo vivido, pero por ahora disparan anclas negativas, entonces, que se vayan al baúl del clóset… de tu vecino.

- ✓ Evita, dentro de lo posible, lugares, música, películas que hayan compartido.

- ✓ Desuscríbete de sus redes y también de las notificaciones de los amigos en común, ahórrate el enterarte por Fulgencio que tu ex está feliz bailando en Mamitas en Playa del Carmen.

- ✓ No *stalkees*, resiste la urgencia de ver qué hay de nuevo, en qué anda o peor aún con quién. También corres el riesgo de mal interpretar una publicación de tu ex y pienses que es una señal de que quiere volver, cuando esta persona sólo es fan de las frases célebres de Paulo Coelho.

- ✓ Evita a los amigos en común. No vaya ser que se les olvide por un segundo que traes el corazón de trapeador y te empiecen a contar que tu ex se puso buenérrim@ porque empezó a hacer *Insanity*.

4. TU AUTOESTIMA SE VIO AFECTADA PORQUE PENSABAS QUE EL PROBLEMA ERAS TÚ

A menos que de verdad sea cierto, evidente y comprobable que fue tu culpa, no lo tomes personal. O sea, si engañaste a tu pareja y te cacharon con las manos en la… masa, pues sí obvio que el "problema" fuiste tú, pero si te mandaron a freír patatas con excusas o razones como "No eres tú, soy yo", "No estoy listo para una relación", "Quiero mi libertad", o incluso si te cambiaron por alguien más, eso no quiere decir que el problema o la culpa sea tuya.

Tal vez tu ex quería una china rubia, y tú no lo eres. Tal vez tu ex está demasiado enfrascad@ en problemas laborales, económicos o familiares, o simplemente no tiene ganas de andar de novio o novia.

NO TE LO TOMES PERSONAL.

Tú no tienes nada mal, no hiciste nada mal, no te falta nada, no es tu culpa, ni ninguna de esas cosas. Las relaciones empiezan y acaban por un millón de razones diferentes y en mi experiencia, que es mucha, la mayoría de las veces la persona "cortada" no hizo "algo" mal, simplemente el *timing* cambió en su contra. Si tu autoestima se vio afectada, quiero que lo más pronto que puedas, te "subas al caballo de regreso": sube fotos nuevas, buenas, sexis, abre nuevas redes sociales para conocer gente, escucha mis hipnoaudios de autoestima, seguridad y confianza, cambio de estado, o todos los que tengo, si puedes (los encuentras en www.elefectoleopi.com). Pronto te darás cuenta de que el problema no eres tú, si no tu ex.

5. NO HABÍA BACKUP

Obvio no había respaldo (otra persona). ¿Pues cómo iba a haber alguien más si estabas en una relación? Bueno, pues ahora urge que esa o esas personas, comúnmente conocidos como "clavos que sacan clavos", existan. Lo sé, lo último que se te antoja en la vida es salir y conocer a alguien nuevo, pero el hacerlo te dará un punto de vista nuevo, objetivo, de comparación, alguien con quien distraerte (ojo, no es para desahogarte, para eso son los amigos), alguien que te haga sentir que hay posibilidades en el futuro y que en lugar de que estés en casa viendo *El Diario de Bridget Jones* otra vez, te lleve a bailar, te acompañe al gym, te preste su epidermis o te distraiga contándote sus cosas.

6. LOS EJERCICIOS DE PNL

- ✓ Cada vez que aparezcan recuerdos que te hagan añorar lo bueno (seguramente serán peliculitas) en tu mente, quiero que frenes la película mental, ponle pausa. Quiero que la hagas pequeña, en blanco y negro, borrosa, sin audio y la alejes de tus ojos. Si quieres hacer aún más potente el ejercicio de minimizar a tu ex puedes reemplazar esa imagen en tu cerebro por otra cosa. Literalmente cambiarás de lugar esa imagen por otra, algo que te interese, algo que te atraiga, algo que no tenga nada que ver con tu ex y quiero que te quedes concentrad@ en esa imagen, hasta que la sensación que había producido en un principio la imagen de tu ex desaparezca. Repetir cada vez que aparezca la imagen inicial con su respectiva sensación de añoranza.

- ✓ Si te está afectando el recuerdo del momento en que te mandaron a volar, o del momento en que la o lo atrapaste con las manos en la masa, o cualquier momento en particular que quieras hacer que duela menos, vas a hacer lo siguiente. Te imaginas ese momento en particular, te generará una sensación. Detén la película. Si estás dentro de la película, salte de ella. Ahora estás sentad@ en una butaca de un cine viendo esa película. ¿Sigue siendo abrumador? Salte otra vez. Ahora eres el o la que pone la película en la cabina de proyección, y te estás viendo a ti sentad@ en una butaca viendo la película. Pon la película en reversa, en blanco y negro, quítale el audio o pon una música ridícula. Empieza a ser menos abrumadora la peli, ¿verdad? Repite este ejercicio cuantas veces sea necesario hasta que tu cerebro se acostumbre a que tu nuevo mecanismo de defensa contra las autotelenovelas flagelantes sea casi como un centinela / glóbulo blanco que actúe solito en cuanto sienta que se aproxima ese momento de *extrañación*.

- ✓ Practica (deberías haberlo hecho desde el libro 1) tener buenas y potentes anclas establecidas en ti, para, también, dispararlas en los momentos que necesites hacer un cambio de estado de negativo a positivo. Así, si de pronto alguien te nombra o recuerda a "aquélla" o a "aquél", podrás eliminar la mala sensación simplemente disparando un ancla positiva previamente establecida.

- ✓ Línea de tiempo (tomado de la página http://pnlnexos.jimdo.com). Se trata de una representación espacial de la temporalidad. Tú y yo podemos imaginar que la vida, la tuya, la nuestra o la de otras personas —desde su nacimiento o concepción hasta la muerte— es una línea sobre la que vamos avanzando con el tiempo.

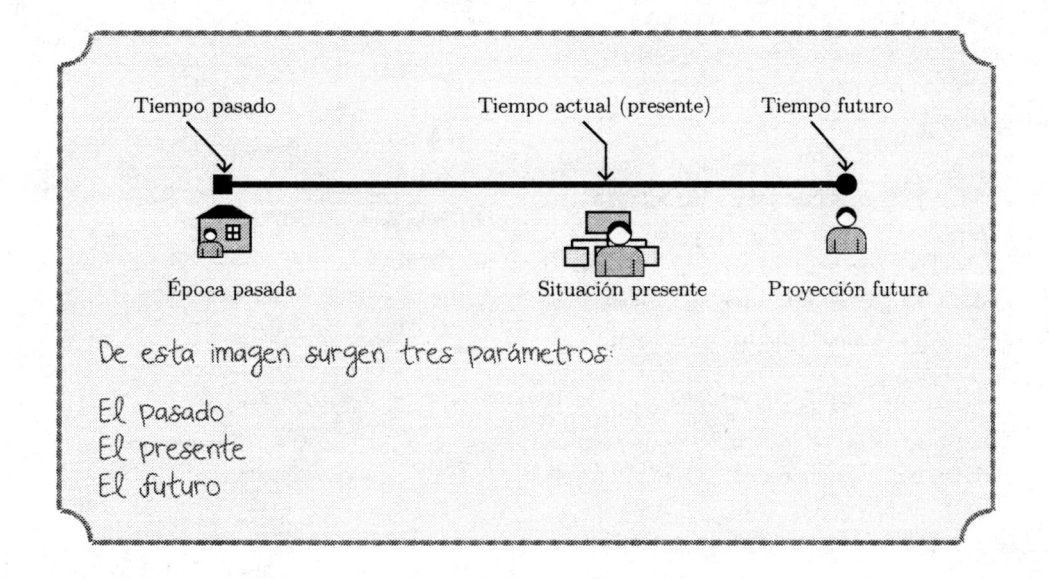

Tiempo pasado — Tiempo actual (presente) — Tiempo futuro

Época pasada — Situación presente — Proyección futura

De esta imagen surgen tres parámetros:

El pasado
El presente
El futuro

Siempre estamos en el *presente*; sin embargo, con la ayuda de nuestra imaginación, podemos "retroceder" hacia el pasado o "avanzar", mucho más rápido que el tiempo, hacia el futuro. Esta sección del libro está fumada, lo sé. El concepto de "línea temporal" establece una relación entre el tiempo y el espacio. Nuestro lenguaje está repleto de metáforas que hacen referencia a ese paralelismo: "Todo lo concerniente al pasado quedó atrás"; "El futuro se abre ante nosotros", "Por el camino de la vida", etc... Richard Bandler observó que esa forma de hablar corresponde a una codificación espacial del tiempo en nuestro cerebro; es decir, situamos las imágenes mentales de nuestros recuerdos en un determinado orden, que corresponde a la cronología de los acontecimientos de nuestra existencia.

Hay dos tendencias principales. La primera consiste en ubicar el pasado detrás y el futuro delante, mientras que el presente se sitúa en el lugar que estamos. A esta forma se le denomina "asociado al tiempo" o "en el tiempo". La segunda tendencia consiste en considerar la línea temporal a distancia, situando generalmente el pasado a la izquierda (ver figura anterior), el futuro a la derecha, y el presente más o menos enfrente. En este caso, se está "disociado" del tiempo.

Los individuos que están "asociados" al tiempo viven esencialmente en el presente y en el futuro próximo. Se interesan poco por el pasado, pues no lo ven. Tienden a "vivir el momento" como les llegue y... ¡a llegar con retraso a una cita! Están tan metidos "en" sus cosas que carecen de perspectiva cuando juzgan una situación.

Las personas que están "disociadas" del tiempo se perciben como más frías. Planifican, reflexionan y por lo general son puntuales. Pueden tener tendencia a no dejarse llevar por el disfrute pleno del momento presente, ya que juzgan la situación o se encuentran más allá de ella. También se puede dar el caso de una línea temporal que sea una variante o combinación de ambas. Algunos sujetos poseen una línea que sube y baja, con una o varias curvas, que se enrolla sobre sí misma o que es circular. Tales variaciones son el reflejo de los períodos fuertes de la vida de esas personas. (No quiero ni imaginarme la línea del tiempo del baterista de mi grupo.)

> Como te puedes dar cuenta, la "línea del tiempo", de una persona refleja sus creencias y representa su vida. En consecuencia, resulta lógico recurrir a ella para conocer su pasado. Muchos de los "cambios" producidos cuando le hago a un cliente una terapia de PNL para superar a un ex son, por ejemplo (consciente o inconscientemente), el resultado de modificaciones en la experiencia subjetiva que el individuo tiene del tiempo.
>
> -fin del extracto de la página-

En español, para aplicarlo en nuestra autoterapia antiexnovi@s mentales: ¿qué va a pasar si haces un ejercicio de línea del tiempo y asociadamente das unos pasos atrás en el tiempo, antes de la ruptura y, estando ahí "antes de que pase", te preparas mentalmente para el ramalazo, usas cuanta técnica me hayas aprendido para que no sea tan abrumador el momento del truene, después te pasas unos pasos para adelante, al futuro, y volteas hacia atrás (o sea, hacia el presente) y ves tu "realidad", pero desde la perspectiva de ya haberlo superado, de estar mejor, de haber aprendido, y de estar muy bien? Finalmente, das el paso hacia atrás, al lugar físico donde empezaste, el presente, y te das cuenta de qué diferente se siente ese "presente" habiendo hecho viajes al pasado para prepararte y al futuro para verlo en perspectiva. ¿QUIÓBOLE? ¿Así o más loco este ejercicio? ¿Quieres aún más loco? ¿Y si te pones un ancla en el futuro donde ya estás mejor y la disparas en el presente?... Saacaaa la verdeeeee brotheeerr (con voz de pacheco).

Pero así como es de loco, es de potente; prepárate para ver cambios fuertes y rápidos.

7. PIENSAS QUE TE TRAICIONARON, TE LO CAMBIARON O TE ENGAÑARON POR TODA LA RELACION

No tiene mucho caso desgastarte y desperdiciar energía y tiempo en pensar si se transformó como Dr. Jekyll y Mr. Hyde, o más bien te engañó todo el tiempo como el talentoso Sr. Ripley. Honestamente ¿qué ganas sabiéndolo? Mejor ocupemos ese espacio cerebral en algo útil; por ejemplo, invéntate un negocio, un libro, una app, una página de internet, una fundación, un "cómo ayudar al planeta", un "cómo ayudar a los viejitos" o empieza el plan macabro de cómo convertirte a en tu mejor versión este año o cómo lograr irte a vivir a la playa el año siguiente.

Ponte a leer libros que te puedan ayudar y mejorar, aprende cosas nuevas, el chiste es que, así como pusimos al cuerpo a hacer cosas en el punto 2 y 3, aquí no le des un sólo descanso con actividades nuevas, entretenidas y que aporten a tu cerebro. Si de plano se te acaban las ideas, haz aunque sea crucigramas, sopas de letras, etc., páginas como www.lumosity.com, pueden ayudar. No dejes ni un segundo libre (cerebralmente) para que tu cerebro no comience a recordarte cosas que no quieres.

8. DRENA TUS ENERGÍAS MENTALES NEGATIVAS

Así como te mandé al gym o a hacer ejercicio para sacar frustración, enojo, ira, etc., es buena idea que también drenes el cerebro. Escribe. Escribe dos cosas: un diario de cómo te sientes, qué has hecho, qué novedades hay en tu vida, como si se lo estuvieras contando a una pareja, pero también escríbele cartas a esta persona (que nunca le vas a entregar), para sacar todo lo que le quieras decir, gritar, recordar, mentarle su madre, mandarl@ a la chi….., etc., saca ese veneno que traes.

9. LA LISTA NEGRA

Apunta, lee y ten a la mano (mentalmente) todo lo malo que tiene y tenía tu ex, tooodo y, exagéralo si puedes, apunta todo lo que podría haber salido mal si seguían juntos, y esa lista léela cada vez que te lleguen sentimientos de "L@ extraño", "Si estuviera aquí", "Nunca encontraré a alguien como ella o él" y sobre todo sentimiento que te llegue de "Quiero llamarle ahorita, 3 a.m., en mi peda". Dale tiempo a esto, hazlo diario, como tarea de la escuela.

10. LA AMISTAD PROGRAMADORA

Una cosa es decirte las cosas tú y otra es que te las diga alguien más. Una de las dos va a ser más potente que la otra, depende de cada quién, pero en este caso atacaremos ese virus por todos los frentes. También atacaremos por el canal auditivo y el canal visual, y usaremos las técnicas de acercarse al placer y alejarse del dolor para lograr este cometido. ¿Qué dijo? Ahí te va: tú te dices por ejemplo

> "TENGO QUE SUPERARLO, TENGO QUE DEJAR IR Y PASAR A LO QUE SIGUE PORQUE ASÍ _____";

bueno ahora quiero también que lo leas. Hazte unos post-its y pégalos en tu refri, tu espejo, tu coche, tu compu, y el techo de tu cuarto, un recordatorio de celular y todo lo que puedas para que además de decírtelo lo leas. Ahora, además de que te lo digas tú, le vas a pedir a un@ amig@ que te lo diga, sin piedad, diario, por mensaje y llamada, y si puedes que le agregue esto: a) acercarse al placer: "porque así pronto encontrarás a alguien que sí cumpla tus expectativas" y b) alejarse del dolor "porque así dejarás de sentirte del nabo y no te quedarás sol@, con 20 gatos y 300 kilos".

Ejemplo total:

Tu amig@ te manda: "Tienes que superarlo, tienes que dejar ir y pasar a lo que sigue y así podrás encontrar lo que estás buscando y dejarás de sufrir y no serás la solterona / 20 gatos / acumuladora / sobrepeso de la cuadra".

También utilicé el operador modal de necesidad "tengo", porque en mi caso particular es el más potente para empujarme a hacer las cosas y no estar postergando.

Listo.

Obvio, no es fácil, y todos necesitamos pasar por las siete etapas del duelo (negación, aceptación, conservación, reacomodo, recuperación), disfruta el rato de luto, de desahogo y llanto a moco tendido, porque saldrás de él mucho más fuerte. Pero si ya quieres salir de ese mal viaje, estas técnicas definitivamente ayudarán. Créeme, esto pasará y pronto todo va a estar bien. Ah y sí, sí encontrarás a alguien más y mejor... y con menos panza.

11

Elocuencia
Persuasión
Astucia
Sagacidad
Comunicación
Carisma
Ingenio

La maga del lenguaje persuasivo, Pamela Jean

¡Hola chat@!

Bienvenid@ a esta sección del libro en donde ya se nos hizo vicio que Leopi me pase por unos minutos la batuta para compartir contigo algunas de mis mañas y trucos para que, en efecto, hagamos juntos que suceda aquello que quieres que suceda. Si bien no todo está en tus manos, una GRAN parte sí depende de ti, empezando por tu creencia sobre lo que vas a hacer. Ya ves, bien decía mi compa Henry Ford: "Tanto si piensas que puedes, como si piensas que no puedes, estás en lo cierto". Por ello, lo primero que tienes que hacer es decidir si estás o no dispuesto a lograrlo y una vez que lo decidas, aventarte con todo, pero no te avientes a ciegas, primero tantea el territorio y afila tus herramientas. Porque, tanto si lo consigues o no, ten siempre muy presente que el fracaso no existe, con cada intento, cada experiencia, viene el conocimiento y, con él, la sabiduría que te hará triunfar la siguiente ocasión. Ésta es la mentalidad de los grandes líderes y científicos, como el buen Thomas Alva Edison que no creía en el fracaso: "No fracasé, solamente descubrí 999 formas de cómo no hacer una bombilla". Así que, qué chulada que te dejes guiar por los expertos para fracasar, digo aprender, en cabeza ajena. Y es que sí, tanto Leopi como yo tuvimos que darnos nuestros buenos trastazos para ir descartando herramientas y métodos obsoletos, y poder llegar al punto de compartir contigo lo que realmente sirve, lo verdaderamente útil y práctico. Nos hemos preparado, hemos leído, hemos estudiado, pero lo más importante es lo que hemos aprendido con la experiencia, a fuerza de fregadazos, y eso es lo que vale la pena compartirte. Así que lee con atención mi querido educando, porque estoy por revelarte las tres claves sobre la magia de la persuasión.

Primero lo primero, ¿por qué magia?, ¿nomás porque suena bonito?

¡Nop!

Me dicen la maga de la persuasión (bueno, mi mamá y tres primos), porque siempre me ha gustado comparar las habilidades de un mago con las del buen comunicador. ¿Te has dado cuenta de qué se vale un mago para producir, frente a tus ojos, resultados que parecen mágicos? Lo que hace es combinar tres elementos de manera hábil y eficaz:

- Sabe DIRIGIR LA ATENCIÓN DE LA GENTE a una mano mientras prepara el truco en la otra.
- Sabe combinar sus pases mágicos (LENGUAJE NO VERBAL) de manera habilidosa. A esto se le llama "Sleight of Hand" o "Prestidigitación".
- Sabe elegir y combinar sus palabras mágicas (LENGUAJE VERBAL) de manera armónica, entretenida e interesante, construyendo imágenes en tu mente, generando una gran expectativa y evocando emociones. A esto le llamamos "Sleight of Mouth" o "Elocuencia".

Al persuadir hacemos lo mismo. Dirigimos la atención de nuestro interlocutor o nuestra audiencia a donde realmente queremos, combinamos nuestras herramientas de lenguaje no verbal como voz, ademanes, postura, gestos, ropa, accesorios y colores; con habilidades de lenguaje verbal como argumentación, comunicación asertiva, *story telling*, etc., para producir resultados que parecen mágicos. Estos resultados se traducen en expresiones comunes como: "Qué carismática es esa persona", "Siento que la conozco de toda la vida", "No sé por qué pero me late que puedo confiar en él/ella", "Me transmite buena vibra", "Me da buena espina", "Hicimos química"... Las escuchamos de manera frecuente pero no sabemos bien a bien de dónde vienen, son como... ¡mágicas! ¿Ya me vas agarrando la onda?

¡Y eso no es todo! También es MUY importante establecer la diferencia entre magia blanca y magia negra en el arte de la comunicación.

Fíjate, la magia negra es como la manipulación. Nos valemos de ella cuando queremos lograr algo a costa de otros. Cuando tenemos un objetivo egoísta que nos beneficia personalmente pero perjudica a alguien más. Por ejemplo, hablando de ligue, la magia negra se valdría de amarres, vudú o toloache (menjurjes que fácilmente consigues en el mercado de Sonora, aquí en México). La manipulación se valdría de engaños, chantaje emocional, mentiras piadosas y verdades a medias para conquistar el corazón de la otra persona. Pero así como dicen que la magia negra se regresa siete veces en forma de karma instantáneo, lo mismo pasa cuando manipulas a alguien. Más temprano que tarde se dará cuenta de la farsa, sacarás el cobre, lo harás hacer corajes y odiarte profundamente, y ¡eso no es lo peor! Lo peor es que hablará mal de ti con al menos siete personas, y ¿has leído sobre el experimento de "6 grados de separación"? Haz una breve pausa y *googlealo*, ¡te va a impactar! Así que, dile hola al karma instantáneo y adiós a tu buena reputación, te dediques a lo que te dediques.

En cambio, la persuasión es como la magia blanca. Es usar tus dones para beneficiar y ayudar a otros. Según Wikipedia, la magia blanca busca la prosperidad, la integridad, el desarrollo físico y mental en conexión con el espíritu. En términos de comunicación, la persuasión busca más o menos lo mismo: que logres tus objetivos de una manera orgánica, ética y de manera tal que ambas partes salgan ganando. La persuasión es, entonces, la antítesis de la manipulación. Está centrada en un interés auténtico por la otra persona, con un profundo conocimiento de sus intereses, necesidades y motivaciones. Es encontrar el punto de confluencia, la coyuntura entre lo que tú quieres y el otro desea, para lograr un ganar-ganar. Y, como seguramente ya lo estás intuyendo, es la clave para cualquier buen negociador o vendedor.

Así que, ¿estás listo para conocer las tres claves más importantes de la persuasión? ¿Estás listo para empezar a hacer magia blanca con tu comunicación? ¿Ya te diste cuenta en cuántas áreas de tu vida podrás aplicar lo que estás a punto de leer?

Pues detrás de cada magia, hay un truco, y eso es lo que te voy a compartir.

Empecemos practicando con estos tres:

Primera clave de la persuasión: COMPRENDE.

Investiga previamente todo lo que puedas sobre las necesidades y motivaciones de tu interlocutor. Cuando lo tengas enfrente pregunta y escucha con atención para asegurarte de identificarlas correctamente. Resume en una frase cuáles son las necesidades o problemas que detectaste y cómo tu propuesta (producto o servicio, si te encuentras en una conversación de negocios) puede ayudarle a resolverlas. Además, preguntar y escuchar con atención serán tus grandes aliados para transmitir un interés genuino por la otra persona. Y la ley de las relaciones humanas radica en la reciprocidad, esto quiere decir que cuanto más interés muestres tú por alguien, más interesante resultarás para él/ella.

Y por si fuera poco, ¡te percibirá como un excelente conversador!

Pero ojo, mucha gente cree que el buen conversador es aquél que habla mucho, que toca temas interesantes, que es simpático y muy culto. Eso es mentira. La gente disfruta hablar de sí misma, de sus gustos, sueños y preocupaciones. Aquel que muestra interés por aquello de lo que queremos hablar, se convierte en una persona con la que disfrutamos conversar. Y por supuesto, ¡sé genuino! No adules, no actúes, no finjas, realmente interésate por la otra persona. Estamos partiendo de la premisa de que esa persona te importa, ¿cierto? Entonces solamente encárgate de hacerle saber eso, que te importa.

Pero, Pam, ¿cómo hacer buenas preguntas para realmente lograr conocer sus verdaderas necesidades e intereses?

Punto número 1: ESCUCHA CON TODO EL CUERPO. Escucha con los ojos (que tus ojos reflejen el lugar en donde está tu atención), con el cuerpo (échate para adelante, mantén tus manos a la vista, asiente con la cabeza, gesticula positivamente), con la voz (retroalimenta con expresiones cortas y repite frases que haya dicho la otra persona, haz preguntas que le permitan profundizar) y con la mente (mantén tu atención presente en el mensaje).

Punto número 2: NO SEAS EL "UNO MÁS QUE TÚ". Son esos incautos que parecen querer competir por todo. ¿Ya ubicaste un amigo así? En todo grupo de amigos o colegas hay uno, si no lo identificas ¡seguramente eres tú! Así que no escuches esperando el momento de poder interrumpir para dar tu punto de vista o hablar de tu experiencia en ese tema. Evita caer en la tentación del "Pues yo…", "Pues a mí…", "Yo una vez…".

No me malinterpretes, claro que puedes hablar de ti también, ¡por favor, hazlo! No se trata de que lo agarres a tehuacanazos con pura pregunta. Una conversación es un diálogo, radica en el intercambio de ideas; solamente evita competir o parecer el típico que parece pedir a gritos: ¡Que alguien me escuche!

Punto número 3: HAZ PREGUNTAS ABIERTAS. Preguntas que den pie a que la otra persona se explaye en su respuesta y profundice. Tenemos una terrible tendencia a hacer una pregunta y, mientras la persona responde, quedarnos pensando en qué más le vamos a preguntar. Entonces lo hacemos cambiar de tema constantemente en lugar de permitirle abrirse por completo y disfrutar de la conversación. Las preguntas cerradas son las que dan pie a una respuesta corta como: "Sí", "No", "Bien", "Mal". Por ejemplo: "¿Cómo te fue?", "¿Te gusta tu trabajo?", "¿Todo bien?".

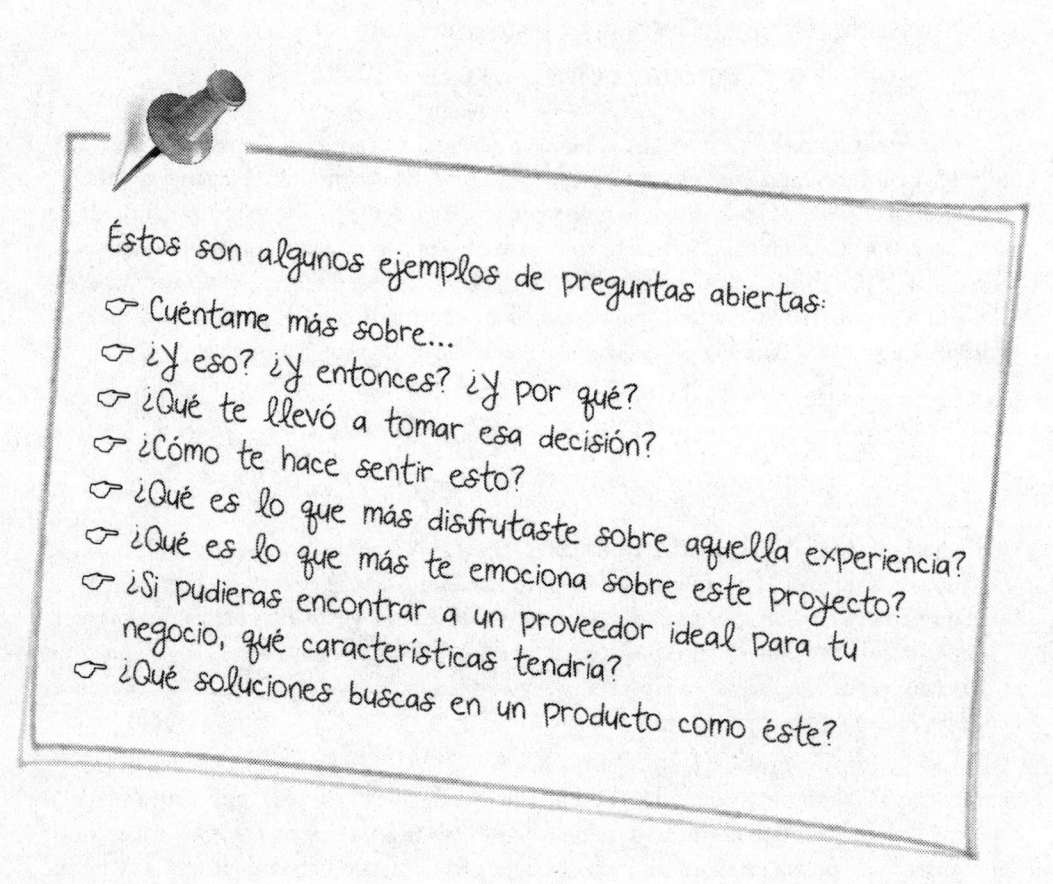

Estos son algunos ejemplos de preguntas abiertas:

- Cuéntame más sobre...
- ¿Y eso? ¿Y entonces? ¿Y por qué?
- ¿Qué te llevó a tomar esa decisión?
- ¿Cómo te hace sentir esto?
- ¿Qué es lo que más disfrutaste sobre aquella experiencia?
- ¿Qué es lo que más te emociona sobre este proyecto?
- ¿Si pudieras encontrar a un proveedor ideal para tu negocio, qué características tendría?
- ¿Qué soluciones buscas en un producto como éste?

Segunda clave de la persuasión: CONECTA.

Sé congruente entre lo que dices y cómo lo dices, esto te ayudará a transmitir confianza. No bastan los buenos argumentos, no basta con conquistar el intelecto de la gente, hay que saber conquistar su voluntad.

Persuadir es también proyectar. Procura que cada parte de tu mensaje sea congruente con el resto: tu imagen, tu lenguaje no verbal, las palabras que elijas, tu voz, el mensaje en fondo y forma…

Piénsalo así: si en nuestro cuerpo un órgano, por pequeño que sea, se descompone, entonces se enferma o muere la persona completa. ¿Cierto? ¡Lo mismo sucede al comunicarnos! Si una parte de tu comunicación, por pequeña que sea, no funciona en concordancia y sincronía con el resto, ¡se enferma el mensaje completo!

Y por supuesto, con CONECTAR también me refiero a transmitir emociones de manera deliberada y consciente. ¡Pero emociones positivas! Mismas que la otra persona asociará contigo. LA GENTE ELIGE CON LAS EMOCIONES. Esto quiere decir que si en tu presencia yo siento seguridad, armonía, alegría, paz, confianza, entonces tú y tu producto tendrán mayores posibilidades de desencadenar pensamientos positivos que me lleven a justificar que eres conveniente para mí. A esto se le llama "atención selectiva". Lo vemos comúnmente en el enamoramiento. Cuando una persona saca lo mejor de nosotros y nos hace reír, nos hace sentir interesantes e importantes, pasamos momentos agradables con él/ella, etc., automáticamente nuestra mente racional elegirá ver sólo lo positivo de la otra persona, aquello que refuerce la idea que ya tomamos con nuestra mente emocional de que ese individuo es él/la mejor para nosotros. De ahí nace la frase: "El amor es ciego". Y ciego no es, es más bien de "vista selectiva".

Así que, regresando al punto anterior, cuida hacer preguntas que permitan a la otra persona recordar momentos agradables, que lo lleven a su *happy place*, a ese estado de ánimo que quieres que su mente emocional asocie contigo. Y olvídate, por favor, de abrir una conversación con comentarios negativos que generen agobio. Es muy común encontrar a gente que se incorpora a una junta quejándose del tráfico, de los políticos, de la contaminación, del partido de futbol y de Donald Trump. De acuerdo, hay mucho de donde rascarle a estos temas para quejarnos ampliamente, pero elige otra ocasión para regodearte en tus reclamos.

> Y recuerda que LAS EMOCIONES SE CONTAGIAN. Si quieres transmitir confianza, debes primero confiar en ti mismo, en tu producto o servicio. Si quieres proyectar seguridad, empieza por sentirte seguro. En términos de Leopi, cambia de estado.

La buena noticia es que para la mente, el orden de los factores no altera el producto. Para generar un estado interno ideal, puedes empezar "actuando como si...". Esto quiere decir que, por ejemplo, la mejor manera de erradicar la timidez es actuando aquellos comportamientos que identificas en una persona segura de sí misma. Se me ocurren por el momento pasos largos, postura erguida, sonrisa amable, contacto visual, saludo firme, volumen de voz fuerte... Seguramente al principio te sentirás raro, como actuando un papel que ni tú te crees ni te corresponde. Pero dentro de tu cuerpo ocurrirán cosas verdaderamente mágicas, y esta vez me refiero a un proceso de alquimia. Para empezar, comenzarás a producir los bioquímicos y neurotransmisores que normalmente invaden el cuerpo de una persona segura: testosterona, endorfinas, adrenalina; bajarán tus niveles de cortisol (la hormona del estrés), etc. Después, esos químicos te harán sentirte distinto, por lo que cambiará tu actitud. Esa nueva actitud alterará tu conducta. Y una conducta sostenida en el tiempo empezará a modificar las conexiones en tu cerebro para convertirse en un hábito. Cuando menos cuenta te des, habrás pasado de "actuar como si...", a verdaderamente convertirte en una persona segura de sí misma y proyectarte como tal.

Otra cosa que debes cuidar es tu LENGUAJE CORPORAL. Recuerda que la gente "oye lo que ve". Esto quiere decir que en el instante en que la gente te percibe a través de su sentido de la vista, empezará a generar prejuicios y conjeturas sobre ti (no porque sean malas personas, sino porque es un acto natural del ser humano producido por nuestro sentido de supervivencia), y dichos supuestos alterarán la, ya mencionada, atención selectiva. Esto quiere decir que, si en esa primera impresión, transmitiste nerviosismo o inseguridad, automáticamente la atención de tu interlocutor irá dirigida a encontrar todos aquellos comportamientos tuyos que le corroboren una decisión negativa que ya había tomado por lo que vio en los primero segundos.

Tal como te decía al inicio de este punto, asegúrate de que la palabra que rija tu comunicación y, mejor aún, tu vida, sea la CONGRUENCIA.

✗ No bloquees tu torso, es decir, tu pecho. Evita poner frente a él bolsos, libros, sombreros, cojines… La gente suele hacer esto cuando se siente expuesta o vulnerable, y el cubrir el pecho es una forma de marcar distancia a través de un escudo o barrera personal. Evita cualquier tipo de barrera entre tú y aquella persona con la que platicas (y sí, entre esas barreras están las mesas y los escritorios; si el contexto lo permite y puedes lograrlo de forma sutil, procura sentarte en escuadra, es decir, al lado contiguo, en lugar de enfrente). Trata también de no cubrir tu cara o tu boca con las manos.

✗ Evita ver tu celular, la puerta, tu computadora o a otra persona mientras te hablan. Por más que le digas: "Sígueme contando en lo que mando este mensaje"; esa persona sentirá que su historia es menos importante para ti que aquel mensaje que estás enviando. El cerebro sabe que en donde está tu mirada está tu atención, y la mente no puede procesar más de un estímulo a la vez (ni siquiera las mujeres, como comúnmente se dice) pues así estamos diseñados todos. Y ya lo hemos dicho, lo peor que puedes hacer en una conversación es hacer sentir al otro poco importante para ti.

✗ No descuides tus pies. Los grandes estudiosos del lenguaje corporal dicen que los pies y las piernas son las partes del cuerpo más chismosas, pues expresan lo que realmente sentimos respecto a una situación. Tus pies deben ir dirigidos hacia aquella persona que realmente te importa, no hacia la puerta ni hacia otra persona. Si alguien está hablando contigo, no lo voltees a ver solamente con la cabeza, gira tu cuerpo de manera que tu torso y tus pies apunten hacia tu interlocutor. Eso hará que seas percibido como alguien realmente presente y atento.

✗ No guardes las manos en tus bolsillos ni las escondas bajo la mesa o en alguna parte de tu cuerpo. Serás percibido como deshonesto, como alguien que está ocultando algo. Déjame explicarte por qué. En la época de las cavernas, nuestros ancestros salían a cazar y llevaban una lanza, cuchillo o algún arma blanca. Cuando dos cazadores se encontraban a la distancia, antes de acercarse el uno al otro, mostraban las palmas de las manos en el aire para hacerse saber que iban en son de paz y que no estaban armados. De ahí surge nuestro saludo, por eso levantamos la mano en el aire y dejamos ver nuestra palma; pero también de ahí viene la costumbre oriental de entregar las cosas mostrando las palmas de las manos en símbolo de honestidad y agachando la cabeza como signo de humildad. Ahora, recuerda que nosotros cargamos en nuestras células y ADN información de miles de años que

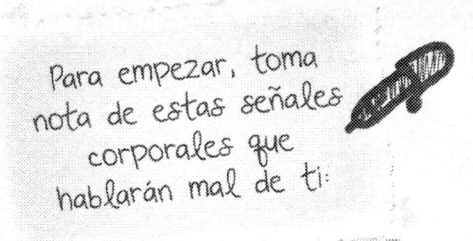

Para empezar, toma nota de estas señales corporales que hablarán mal de ti:

nos ha permitido evolucionar; así que cuando vemos a alguien que empuña las manos o las esconde, automáticamente empezamos a percibirlo con cierta desconfianza.

✗ **Evita los ademanes apaciguadores.** Son aquellos movimientos que hacemos con nuestras manos y que NO sirven para ilustrar lo que estamos diciendo; más bien son reacciones impulsadas por nuestro sistema nervioso cuando éste se siente en condiciones de estrés. Por eso se llaman "apaciguadores", y ante los ojos de los demás serán claros indicadores de nerviosismo o incomodidad.

Por ejemplo: rascarte la nariz en repetidas ocasiones, jugar con tus lentes, acariciar tu pelo, manipular tu anillo, jalar la corbata o el cuello de la camisa como si te sintieras sofocado, tamborilear los dedos o una pluma, morderte las uñas, sacudir tus piernas como si estuvieras limpiándote unas migajas inexistentes, etc.

Tercera clave de la persuasión: CONVENCE.

Estamos acostumbrados a dirigir la atención de la gente a lo que no queremos y a señalar aquello que nos desagrada o molesta. ¡Es válido! Sin embargo, es mucho más efectivo dirigir la atención de nuestro interlocutor de manera eficiente (entiéndase por eficiente aquello que es práctico y eficaz a la vez).

¿Cómo? A partir de ahora enfoca tus esfuerzos en SEÑALAR LO QUE SÍ QUIERES de alguna de estas dos formas, y consíguelo:

a) **Refuerza positivamente:** celebra, agradece o señala aquello que te agrada o te resulta útil en el momento en el que la persona lo está haciendo bien. Para tu interlocutor será mucho más fácil identificar esa conducta positiva, darse cuenta de que genera resultados positivos en ti y, por lo tanto, de manera casi automática, comprometerse a repetirla. ¿Por qué? Porque para una persona es más sencillo comprometerse a repetir algo que ya hace, que dejar de hacer lo que ha hecho siempre o comenzar a hacer algo que nunca ha hecho. Lo percibirá como algo menos estresante y más factible.

> Por ejemplo:
> En el instante en que tu pareja está teniendo esas muestras de cariño que te encantan y tanto valoras, puedes decirle algo como: "Me encanta cuando me tomas de la mano como ahorita, me hace sentir que aunque estás platicando con tus amigos, sigues al pendiente de mí".

En el momento en que tu hijo está trabajando arduamente y muy concentrado en su tarea, dile algo así: "El esfuerzo que dedicas a cumplir con tus obligaciones, como ahorita, me hace sentir muy orgulloso de ti. Eso habla de lo responsable que eres".

Cuando tu colaborador te entrega a tiempo lo que le pediste, refuerza esa actitud reconociéndola:

"Gracias, tu puntualidad me sorprende positivamente. Tienes una gran capacidad de respuesta y eso me genera mucha confianza".

b) Sé claro y específico en lo que deseas: evita caer en ambigüedades como:

-No me gusta que pierdas el tiempo en banalidades.

-Quisiera que fueras más atento.

Recuerda que lo que para ti es "perder el tiempo" o "banalidades" o "ser atento", quizá para la otra persona tenga otro significado, por lo tanto aquel individuo enfocará sus esfuerzos en agradarte y generar el cambio en donde le resultaba correcto, cuando tú estabas esperando otra cosa.

c) Afirma: procura señalar el comportamiento que esperas en lugar de destacar lo que no esperas, ya que estarás dirigiendo la atención de tu interlocutor al sitio equivocado.

Por ejemplo:
✗ Evita decir: "No vayas a olvidar las llaves".
✓ Mejor di: "Recuerda traer las llaves".
✗ Evita decir: "No te vayas a equivocar".
✓ Mejor di: "Pon mucha atención en cada parte del proceso y concéntrate al redactarlo".
✗ Evita decir: "No me vayas a ser desleal, no me falles".
✓ Mejor di: "Para mí la lealtad es muy importante y en eso sé que puedo contar contigo".

Otro aspecto importante a tomar en cuenta para realmente lograr CONVENCER a tu interlocutor, es aquello a lo que le llamo HÁBITOS DEL VENDEDOR EXTRAORDINARIO. Aplica tanto si lo que ofreces es un producto, un servicio o a ti mismo para una vacante laboral o una relación de pareja.

👍 No pidas, ofrece.

Es absolutamente necesario, mi querido lector, que te cambies el chip en este instante y le des un giro a tu perspectiva. Hasta hoy, la mayoría de tus esfuerzos (podría firmarlo con sangre) estaban enfocados en PEDIR que compren tu producto, que contraten tu servicio, que te den ese empleo, que te concedan una cita, que te den un aumento de sueldo, etc. (es normal, de pequeños rara vez nos enseñan a pensar diferente); es por eso que ese cambio de perspectiva consiste en dejar de PEDIR y empezar a OFRECER. ¿Cómo? Aquí te van algunos ejemplos:

> A partir de hoy no vas a pedir que compren tu producto por sus cualidades, vas a OFRECER UNA OPORTUNIDAD enumerando los beneficios claros y concisos en que ese producto ayudará a esa persona en especial. Olvídate de las características técnicas de tu producto y enfoca tu estrategia en cómo éste mejorará la vida o las posibilidades de tu cliente.

> A partir de hoy no vas a pedir que te contraten, no vayas por la vida pidiendo trabajo, pues implícito en esa frase viene la percepción de "tenme piedad, dame una oportunidad y sálvame de ser un NINI por amor de Dios", ¿me explico? No estás pidiendo un favor ni limosna. Tú, porque eres un garbanzo de a libra, vas a OFRECER un servicio, una solución, tu talento, tus ideas, etc.; pero para ello debes de informarte en qué es lo que, específicamente, necesita esa empresa y de qué manera sólo tú puedes contribuir en ello. Olvida la letanía de tu CV, enfócate en lo que la empresa necesita; sé claro, menos es más.

Y por supuesto, no vas a pedir un aumento de sueldo *quesque* porque "ay jefecito, he hecho un trabajo maravilloso" (¡hey!, por ese trabajo ya te pagaron, era tu obligación hacerlo de manera eficiente); más bien vas a OFRECER la posibilidad de dedicarle más tiempo a la empresa, desarrollar una nueva idea o producto (di cual), brindar una solución que la empresa necesita (di cual); dar un extra, un plus. Ahí sí será más probable que te den ese aumento, ¿sabes por qué? Porque les estás dejando claro que te necesitan ahora más que antes, aunado a que ya han comprobado que generas excelentes resultados. (Si sabes que la cosa no va por ahí, entonces ni te atrevas a pedirlo, nomás eso me faltaba, pos éste...)

👍 La gente no quiere saber qué tan buenos son tú o tu producto, sino qué tan buenos pueden llegar ellos a ser y de qué forma tú o tu producto pueden ayudar.

Esto es un punto que leí en un libro maravilloso que te recomiendo (para cuando acabes la saga de "eL efecto Leopi"©) y se llama: *You Inc.* de Harry Beckwith y Christine K. Clifford. En resumen, los autores mencionan que perdemos muchísimo tiempo hablando sobre las cualidades y maravillas de nuestro producto, sobre cómo éste le ha cambiado la vida a alguien más, sobre todo lo que hace y deshace, cuando en realidad nuestro prospecto de cliente quiere saber de qué manera específica va a favorecer su propia vida. Para ello, la primera y tan importante clave de la persuasión que ya exploramos: COMPRENDE. Y esto, aunado al hecho de que la gente decide con las emociones y sentimientos, nos lleva a concluir que también nos basamos en los sentimientos para elegir o adquirir algo. Los grandes de la mercadotecnia y ahora, del *neuromarketing*, lo saben. Por ejemplo, muy poca gente se dedica a investigar de manera profunda aquello que, en términos de mecanismo, diferencia un Rolex de un Swatch. Es más, ni siquiera sabemos bien a bien cómo operan los relojes (a menos de que seas relojero o un apasionado coleccionista). Aún así, decidimos muchas veces invertir el cuádruple en un reloj que de manera funcional nos ofrece lo mismo que el más barato: la hora. Pero, ¿por qué lo adquirimos tan caro entonces? Porque lo que compramos es un sentimiento. Puede ser estatus, relevancia, elegancia, importancia, pertenencia, escasez, etc.

¿Qué sentimientos ofrece tu producto? ¿Qué emociones genera? ¿Qué lo hace diferente específicamente para esa persona y por qué le resultaría conveniente?

👍 La gente no quiere lo mejor, sino aquello que la haga sentirse más cómoda. Otro mito es que la gente siempre comprará lo mejor. Tenemos la creencia de que si ofrecemos algo caro pero de la mejor calidad, seguro nos elegirán a nosotros. ¡Y no se diga si además lo damos en precio de promoción!

Mentiras, puras mentiras.

La gente compra aquello que lo hace sentir cómodo, en paz; aquello que los deja con la sensación de que tomaron una buena decisión y que fue fácil tomarla.

Pero ojo, lo que es cómodo para ti puede no serlo para mí.

Por ejemplo, quizás para ti es cómodo brindar una atención de primer nivel y llamarle a tu cliente para dar seguimiento a sus dudas una vez a la semana, además de visitarlo en su oficina cada mes. Claro, eso es lo que te gustaría que hicieran contigo.

Pero, ¿habías pensado que quizás esa persona se siente invadida y presionada con tu comportamiento?

Seguramente alguna persona tendrá la firme creencia de que lo barato sale caro y prefiera invertir en el producto más costoso, pues le ofrecerá la mejor calidad y prestigio. Pero tal vez, para otra persona (incluso con facilidades económicas), resulte más atractivo cotizar con cinco empresas antes de tomar la decisión y al final elegir el más barato porque le ofrecieron tres años de garantía.

¿Me explico?

Así que no des por hecho lo que es cómodo para los demás solamente porque lo es para ti. La mejor estrategia es OFRECER ALTERNATIVAS y dejar que él/ella elija lo que le resulta más conveniente y cómodo.

Pamela Jean Zetina
Especialista en comunicación estratégica y persuasión
www.pamelajean.mx
TW: @pamelajean
FB: /pamelajean.mx

12

"eL Efecto Leopi"© para los negocios

¡caching!

Como este es el capítulo de "eL efecto Leopi"© para negocios, voy a ser brutalmente directo y sin rodeos, ni eufemismos, ni… no, no es cierto. Seguiré diciendo las mismas estupideces que siempre digo, porque, a fin de cuentas eso ha servido para mi negocio. Ése fue el *Tip* #0. Si está funcionando, no lo cambies.

Obviamente y, como en todos los libros que he escrito (¡ay, cálmate!, llevas dos), no tengo la autoridad moral para hacerlo. No estudié negocios internacionales, ni administración de empresas, ni nada por el estilo, aunque ahora que lo recuerdo, en sexto de preparatoria estuve en el área de administración de empresas, pero honestamente de ese año de mi vida lo que más recuerdo son los escapes de la escuela con mis amigos al billar, en ese tema, también soy experto (excepto contra Owen, ese muchachito yo creo que vivió adentro de un billar unos años).

Pero no crean, no soy el tipo común y corriente que estudia negocios, pone uno y demás. Pero ahora manejo dos negocios y dentro de mi área he aprendido muchas cosas muy locas que te pueden servir.

Por supuesto que no te daré *tips* de administración, impuestos, contabilidad o ahorro. Para eso hay muchos libros escritos con personas con verdadera y legítima autoridad moral para hacerlo; más bien, te daré los consejos de las cosas que no habías pensado, las raras, las que a veces son obvias pero que pasan desapercibidas, las que no todo mundo mira, esa sí es mi especialidad. ¡eL top 30 de "eL efecto Leopi"© para hacer que las cosas sucedan en los negocios! (con ayuda de algunos especialistas). Por cierto, mis especialistas en este capítulo no fueron escogidos por sus estudios, carreras ni currículums, los escogí porque he visto cuánto ganan.

Olvidaba algo. Decirte por qué quiero darte estos *tips*. Ahora, en la era de las computadoras y la red, cada vez es más común tener tu propio negocio, o un negocio propio además de ser empleado de una empresa. Yo nunca pensé que terminaría siendo CEO de mi empresa, socio de otra y esclavo de las dos, pero hoy que lo hago, y lo hago bien, me emociona decir que gran parte de lo que he usado por años para aprender a conquistar personas, sirve impresionantemente bien en los negocios. Así como gran parte de la estrategia de conquista que yo enseño es una metáfora de los negocios, pues ¿qué tal si lo tomaras literal y te inventaras uno?

Básicamente así nació "eL efecto Leopi"©. Me entrené por años (por otra razón) para ser el mejor en algo y cuando ya era muy bueno un amigo me convenció de escribir un libro para enseñar mi talento a más gente. Eso hoy es un negocio que me ha llevado por todas partes del mundo, así que dame el beneficio de la duda que algún buen consejo podrás sacar de aquí.

Ahí te voy.

1 Cultiva a tus amistades. Nunca sabes quién va a terminar en dónde. Toda persona que se cruza por tu camino durante TODA tu vida puede convertirse eventualmente en tu cliente, proveedor, amigo, que te consigue clientes o chamba, jefe, empleado, asesor, socio, etc. Pregunta siempre a la gente qué hace, pide tarjetas de presentación, lleva siempre tarjetas de presentación (y no escatimes en ellas, que te las haga un diseñador profesional y con buen gusto; digamos que queremos que las personas cuando vean tu tarjeta se impresionen por lo que haces y también por la tarjeta). Recuerda que hay redes sociales para negocios y redes personales, pero no olvides que siempre puedes convertir algo personal en una entrada de dinero (si eres mi amigo en Facebook sabes perfectamente de lo que estoy hablando, y si no lo eres, regálame un like en www.facebook.com/elefectoleopi y ya verás como le hace uno).

2 Mira a dónde está viendo todo mundo. Es curioso pero hay gente que no se ha dado cuenta. ¿Dónde están metidas las miradas, cabezas y pensamientos de casi todas las personas hoy en día? ¡Exacto! En su celular, viendo redes sociales. Me pareció increíble cuando hace poco vi a un famoso entrenador de PNL, que además da un curso de cómo hacer de la PNL un negocio, y dijo que las redes sociales no eran un lugar para concentrarse ¿*Squeeze me*? Básicamente TODO mi negocio de "eL efecto Leopi"© sucede en redes sociales, y ¡me va muy bien! A diferencia de métodos tradicionales como volantes, tele, radio, periódicos, etc.; con redes sociales puedes vender desde la comodidad de tu oficina a ¡TODO EL PLANETA! Buena cartera de clientes, ¿no? Usar redes sociales para vender es una ciencia, estúdiala, apréndela y sé audaz, nunca sabes con qué buena sorpresa te puedes topar. Por ejemplo: cuando abrí mi fan page de Facebook, jamás pensé que de ahí viviría algún día, y prácticamente así es. Además, hay que estar en todo y actualizarse, por lo mismo ¿ya me agregaste en Instagram? www.instagram.com/elefectoleopi

3 **Pide ayuda y haz sinergias.** Ésta es parte del punto 1. Cuando terminé mi primer libro pensé.. ¿Y ora, qué hago con esto? Entonces pedí ayuda. Mi primera víctima y opción fue Pamela, porque ella conocía gente en radio y TV; a Ninfa porque tenía familiares con los mismos atributos que los amigos de Pam; a Gabe porque tenía una base de datos de gente interesada en cursos; a Sandra, mi exmanager y a Chucho, mi socio de Cdkids, porque son muy buenos para hacer negocios. Hoy por hoy lo sigo haciendo. No sólo pedir ayuda y/o consejos, sino proponer *joint ventures*, trueques, negocios en equipo, colaboraciones, etc. Bueno, creo que en este libro quedó claro que hago eso, ¿no? Fíjate, yo gano plata por este libro, y tres capítulos de él no los escribí yo. Ah que Leopi tan mañosito.

4 **¿Para qué eres bueno? ¿Quién iba a decir lo siguiente?** Resulta ser que soy bueno para enseñar porque toda mi vida he dado clases de piano, batería, etc. Soy bueno en el manejo de gente y en el escenario porque como músico he pasado gran parte de mi vida en un escenario. Soy bueno para escribir (dicen), virtud que apenas averiguamos de dónde salió hace unos meses: de mi papá. Soy bueno para conocer e impactar gente.

> Conclusión: ahora soy conferencista y escritor. (Lo sospeché desde un principio. ¡Ay, ajá!) Mi hermano tiene muy buen gusto, es hábil diseñando (él hizo las portadas de este libro, por ejemplo), sabe hacer páginas de internet (e hizo la mía) y es buen fotógrafo. ¿A dónde llevó esas habilidades? Se dijo un día: ¿quién gana buena lana? ¡Ah, pues los diseñadores de ropa y accesorios! ¿Quiero ganar más lana? Sí. Bueno pues con esos talentos puedo diseñar una marca de ropa, fotografiarla, hacer una página de internet y vender. Adivinen... Hoy vive de eso... en la playa... en Marina del Rey, Los Ángeles, CA. Perro.

5 **Ten un socio que sea bueno para el "bisne" y "pilas".** Debo confesar algo y, así, darle su crédito a mi socio de Cdkids. No importa cuánto talento, ganas o equipo para grabar tuviera yo, el éxito de ese negocio fue gracias a que yo tenía por socio a alguien muy bueno para el "bisne" (por cierto es árabe, no sé por qué, pero el "bisne" se les da). Esto me remonta al punto 4. Yo soy bueno para componer música y tengo los medios físicos para grabarla, él tenía una buena idea (punto 18) y juntos estamos en el punto 5. *Voilá*. Cdkids llegó a estar en 14 países y tener 140 franquicias funcionando. Hoy le vendemos a todo el planeta porque aplicamos el punto 2.

6 **Todo el día, todos los días.** Si como yo tienes un negocio independiente y lo manejas desde tu casa, hazlo como si fuera un empleo en una oficina. Acondiciona un espacio exclusivo, pon horarios inamovibles, objetivos a corto, mediano y largo plazo, juntas de producción, lluvias de ideas, planes de *marketing*, etc. Todo, como si trabajaras para *Coca Cola*, aunque en las juntas y lluvias de ideas sólo estés tú y tu cuadernito. Si sólo están tú y tu cuadernito, prueba de vez en cuando invitar a un amigo a esas lluvias de ideas y pon mucha atención cuando alguien te dé una. Ejemplo masivo: el contrato del amor fue idea de Pam. (No le recuerden porque se pone insoportable.)

7 **Cuando llegue el momento, delega.** Tomando en cuenta una vez más que mi negocio soy yo, yo lo empecé, lo construí, lo vi dar sus primeros pasos y demás, me cuesta mucho trabajo soltarlo. ¡Es mi bebé y no lo quiero dejar solito en el kinder sin mi supervisión! Me refiero a contratar gente para cosas. Es efectivamente como dejar a tu hijo en la escuela por primera vez. Sabes que es lo mejor, sabes que es buena idea, sabes que te dará tiempo de hacer más cosas y ser más productivo, sin embargo cuesta. Puede ser que no encuentres a la persona ideal, pero busca a la persona más adecuada, entrénala y delega. Cuando eso pase, habrá que agregar todos los puntos de cómo ser jefe y tener un empleado efectivo.

8 **Invierte.** Cuando el negocio empieza a dejar dinerito, te pones contento, haces un bailesito y empiezas a pagar deudas o te compras una tele más grande. Ok, ok, está bien, hay que celebrar un poco y autopremiarse, pero no menosprecies el aprovechar las "vacas gordas" para reinvertir en el negocio y hacer que eventualmente las vacas sean obesas. Con mi ejemplo particular, invertir en tener una página de internet con todas las cosas que tiene www.elefectoleopi.com fue de las mejores ideas de mi vida. Ahí vendo, informo, tengo mi blog, subo videos, etc. Así como eso, también invertí en fotos, logos,

estudio de grabación, equipo para conferencias, publicidad, etc. Todo esto ha hecho que pudiéramos pasar de ganar una lanita cuando saqué el primer libro y hacer mi bailesito y cambiar mi tele, a vivir de "eL efecto Leopi"©.

> Pero también invierte en ti, capacítate, lee, invierte en tu imagen, invierte en publicidad, invierte pues.

9 **Lluvia de ideas.** Cuando escribí ese primer libro no tenía idea de que terminaría dando cursos o asesorías personales, sin embargo lo anuncié en el libro. Hoy ésa es mi realidad. Pero unos años después, en mis autolluvias de ideas de los lunes, se me ocurrieron los hipnoaudios, los cursos para empresas, buscar entrevistas, hacer fan pages, vender en esas fan pages, hacer un video de animación para explicar "eL efecto Leopi"©, hacer una campaña de premios a mis seguidores si compartían el video, etc. Las lluvias de ideas son básicas para seguir avanzando y agrandar tu negocio. En las últimas lluvias de ideas de mi "bisne" han aparecido audiolibros, programas de tele, programas de radio, ayudar a parejas, meterme al mercado anglo, una app, una base de datos de patanes, vaya, llegar hasta Japón, ¿por qué no?

10 **Creatividad.** Es muy difícil explicar este talento, pero no es imposible desarrollarlo. ¿Qué no hay? ¿Cómo hago mi producto más atractivo? ¿Cómo mejoro mi producto? ¿Y si lo hacemos de colores? ¿Se puede vender por Snapchat? ¿Quién hace apps? La creatividad puede surgir también de "modelar" (imitar) casos de éxito. Por ejemplo, si al *coaching* le funciona muy bien el seguimiento que se le da a los clientes, ¿por qué no hacer una versión de mi curso que sean varias sesiones y así poder dar seguimiento? ¡Listo! tengo un nuevo producto. Muchas veces la creatividad viene sólo de poner un poco de atención. Hace unos años en un curso en Colombia conocí a Juanquis (así le decía todo mundo). Me pidió una asesoría personal porque no se consideraba creativo y quería dejar de ser empleado y emprender solo. Cuando Juanquis llegó a "mi oficina" (un café Juán Valdez), me causó gracia que usaba lentes de aumento con armazones de colores. Sus lentes tenían una particularidad. Se los quitaba despegándolos de la zona de la nariz donde se unían con un imán. Después de un interrogatorio descubrí que Juanquis amaba la PNL y a

los niños y tenía contactos con los medios en Colombia. No le dije qué hacer, sólo le señalé los *highlights* de la conversación: Juanquis (nombre único que suena divertido) lentes azules que se parten de en medio (*gag* gracioso para los niños) ... niños + PNL + contactos en la televisión... ¿Qué se te ocurre que podrías hacer Juanquis? *Voilá*: idea millonaria. Un programa de TV o un DVD, o un curso, todos para niños, donde un personaje muy gracioso, llamado Juanquis, enseña PNL para niños y los hace reír siempre porque sus lentes se le "rompen" a cada rato. Juanquis acababa de ser creativo.

11 Las preguntas del extremo del día. Con los extremos del día me refiero al momento en cuanto abres los ojos por la mañana y cuando ya los vas a cerrar por la noche (o al revés si trabajas en un bar). Las preguntas son a las 7:00 a. m.: ¿Qué voy a hacer hoy para que mi negocio crezca y prospere? Y a las 11:00 p. m.: ¿Qué hice hoy para que mi negocio prospere? Yo sugiero no pensar en qué vas a hacer mañana justo antes de dormir porque te puedes estresar o perder la relajación. El "qué vas a hacer mañana para que tu negocio mejore y prospere" yo lo hago justo antes de cerrar el changarro. Pon tu 6:00 de la tarde, ya acabé, voy a descansar, pero dejo anotado en una lista lo que voy a hacer mañana para lograr esos objetivos y ya, me desconecto del trabajo y me voy a vivir la vida y a enfriar el cerebro. Esta comunicación interna podría ir muy eficazmente manipulada con PNL, por medio de objetivos bien trazados, referencia interna, operadores modales personalizados y la motivación correcta (placer /dolor). Si no tienes ni idea de lo que acabo de decir, sugiero leer mis libros anteriores.

12 Empieza siempre una negociación con un número que te dé pena pedir. Mi buen amigo Jacobo es súper *pistolín* para los negocios, así que me regaló unos consejos para la banda (12-16). Éste se me hace genial. No te "malbarates", pide un número grande por tu trabajo, dentro de lo lógico, obvio (no puedes pedir 350 000 por pintar un clóset, a menos que seas Renoir), pero no des un número chiquito por miedo, pena o lo que sea, porque además te arriesgas a que no te contraten pensando que tu trabajo es "chafa" por el pequeño precio que diste. La primera vez que di un curso para una empresa grande casi me desmayo cuando me dijeron lo que podía cobrar. Si no fuera porque es el "estándar", yo hubiera pedido 1/6 de lo que cobré. Aprendí mi lección, pero obvio considerando que "depende del sapo, la pedrada" y que también hay que tener un poco de humanidad y ser altruista, o becar a alguien cuando un caso lo amerite. Lo que sí es un hecho es que el trabajo hay que cobrarlo. Aunque seas el padre Tereso de Calcuta.

13 Donde se come no se cag**. También de Jacobo. Creo que se explica sola, pero es muy cierta. Si tienes un negocio o un socio y "tomas prestada una lanita", puedes quedarte sin ese negocio; lo mismo si te involucras, o peor, acosas sexualmente a un/a emplead@ y te acusan, o si evades impuestos y te auditan, o hasta si hablas de más en el lugar equivocado. Cuida el changarro mijo.

14 Cliente satisfecho siempre vuelve (y te recomienda; publicidad gratis). Creo que el mejor ejercicio del mundo en este departamento, es ser *mistery shopper* de vez en cuando. El término se refiere a convertirte por un día o un rato en un "cliente" de tu propio negocio, así puedes vivir la experiencia y analizar qué tan probable es que un cliente quede satisfecho. ¿Cuántas veces no has querido matar a las empresas que tienen la maldita contestadora automática?... ¿Yo?, cada vez que oigo una. Estoy seguro de que los que la programaron jamás han llamado para ver qué se siente ser el cliente. Aquí tuve una buena enseñanza de mi hermano. Una vez una clienta insatisfecha porque su producto no llegaba, antes de hablar conmigo ya había tuiteado hasta a la PROFECO (Procuraduría Federal del Consumidor en México). Yo sí le había enviado el producto que compró: era el paquete de hipnoaudios que se manda por email, pero su correo lo había guardado en el folder de *spam*. Obvio, cuando vi sus acusaciones en internet yo la quería asesinar, pero me enfrié, pedí consejo a mi hermano, que ya estaba teniendo éxito en su negocio y me hizo ver que era mejor explicarle, ayudarle y hasta regalarle algo para mantener mi buena reputación, que pelearme con ella y recibir la mala reputación que ella pudiera esparcir por el mundo. Eventualmente esta clienta volvió, y con amigas. El contraejemplo son HSBC y Banamex, no quiero entrar en detalles y se supone que no debemos hablar mal de la gente, pero si quieren un buen tip eviten a los antes mencionados.

15 Hay veces que hay que dejarse perder para ganar. Ésta es clásica del billar. Se le llama "coyote" al individuo que juega billar estúpidamente bien, juega contigo por poca plata y se deja ganar, para que una vez que agarraste confianza y apelando a tu buen corazón te pide la oportunidad de recuperarse. Te apuesta una buena feria y te gana, tú te ardes y apuestas doble o nada y te gana, y así sucesivamente hasta que de manera oficial has sido "coyoteado". Tú -$140 dólares. Coyote +$140 dólares. Una vez que eres buen@ para calibrar gente con PNL y en el análisis de lenguaje no verbal, te puedes volver súper buen@ en actuar en ciertos casos, vaya, hasta dejarte ganar en algo, para poder después ganar en un negocio con esa misma persona.

16 No negocies hasta que estés listo para hacerlo: El negociador profesional viene a ofrecerte algo. Él ya lo estudió, lo planeó, lo ensayó y llega contigo en el estado correcto de asertividad, negociación, seguridad, etc., para salir ganando. Tú estabas tragando camote en tu oficina. Te agarra desprevenido, es muy carismático, directo, rápido y cuando te das cuenta ya dijiste que sí a algo que ni necesitabas o que podrías haber negociado por un precio mucho mejor. Esto es clásico por teléfono. Yo por una temporada tuve la tarjeta de crédito con la tasa de interés más alta del mundo, porque me agarraron distraído y peor aún, la vendedora telefónica tenía acento colombiano. Ahhh, hasta suspiré. ¡No se vale! Si te llamaron por teléfono para negociar, di que estás en una junta, finge otra llamada, invéntate un cólico, yo qué sé, pero no aceptes nada en ese momento. Cuelga, prepara tu juego interno y tu juego externo y llama tú a la contraparte unos minutos después, pero ahora sí, en posición de guerra y posgrito "We are Spartaaaaaaa; Give'em nothing, but take from them everything!" (entra música de John Williams).

17 Usa "eL efecto Leopi"©. No pienses que "eL efecto Leopi"© es sólo para conquistar. A fin de cuentas, una venta es de cierta forma una conquista y viceversa. El proceso que hemos visto en los demás libros donde tú cambias de estado, haces rapport, logras que el interlocutor cambie de estado, vacunas objeciones, pones anclas etc., es justo el proceso que puedes usar para vender. No sólo vender tu producto, sino también venderle ideas a socios, conseguir descuentos de proveedores, etc. Por esto mismo sugiero leer mis libros anteriores. Ya te la apliqué. ¿Viste qué lindo? Recuerda que queremos que tu cliente quede enamorado de tu producto, pero también del vendedor. Así, por una o por otra, regresa. Ahora vienen los tips que agregó mi amigo Tony Gebara (el "mareado" de la Pam), otro de mis gurús de cómo llevar un negocio más allá.

18 **Cree firmemente en tu idea.** Habrá muchas personas que te dirán que no es buena y que no funcionará; aférrate a ella y no pierdas de vista el objetivo por el cual la creaste. Recuerda que todo mundo habla desde su experiencia y eso siempre es subjetivo, tú dale. Cuando dudes, puedes hacer el ejercicio de cambio de estado con la imagen de tu negocio prosperando y creciendo, ancla la sensación y úsala cada vez que a algún descerebrado se le ocurra decirte que no funcionará. Obvio siempre habrá que evaluar con objetividad, pero siempre puedes empezar otra cosa, mientras sigues haciendo la primera idea. ("Believe, you must", Yoda.)

19 **Contrata al mejor equipo.** Esto toma tiempo. Encontrar a las personas correctas es una tarea ardua, estratégica y de paciencia, y no tardes en quitar a los elementos que no sean compatibles con tu negocio. Recuerda, es un negocio, no es personal y, por lo mismo, todo y todos están o dejan de estar dependiendo de lo que convenga más al changarro. Es importante que poco a poco puedas aprender a cambiar de mentalidad rápido. Los negocios a veces son fríos, a veces hay que tomar decisiones difíciles, pero muchas veces tener esta capacidad es lo que diferencia los negocitos de las empresas. Aquí no puedo ser suficientemente enfático en decirte: "Sobre todas las cosas contrata a un buen contador", Laureano Brizuela.

20 **No gastes más de lo que ingresa.** Sobre todo en tus primeras etapas endéudate lo menos posible. Una mala deuda podría acabar con una gran idea. Esto también es una gran metáfora acerca de las relaciones, cuando ya estás perdiendo más de lo que ganas, es momento de reevaluar y tomar decisiones. En un mal negocio del pasado, invité a una chica de viaje, le invertí mucha energía y tiempo, para que de pronto un día (mientras salíamos), subiera una foto besando a su nuevo galán... fin del negocio. Zape por teto a Leopi.

21 **Sé ágil.** Planea tu proyecto, pero no te encierres en los papeles, prepárate pero sal al mercado rápido; tendrás errores, ¡por supuesto!, pero estos te harán más fuerte y te enseñarán a mejorar tu proyecto. Si esto no es una metáfora de mis primeros libros, no sé qué es. Aplica para los negocios y para la seducción.

22 **No hay cliente chico.** A todos hay que tratarlos de la mejor forma. Recuerda también que toda interacción de persuasión es una práctica de campo, los clientes pequeños te pueden dar callo y experiencia para cuando llegues a las grandes ligas. Este consejo está directamente ligado al punto uno, ¿y si el cliente chico de hoy se convierte en una multinacional masiva en cinco años?

23 Confía en tu instinto. Si te gusta, hazlo, no esperes a que tu círculo de confianza avale tu idea y HAZ QUE SUCEDA. Como podrán ver, Tony es un empresario valiente y aventado, yo soy un poco más gallina, pero hay una lección que aprender aquí. Muchas veces los negocios salen por ideas, corazonadas, sensaciones, etc., y todo eso es mental e interno, así que es muy buena idea entrenar a nuestros cerebros y a nuestros instintos para "ver lo invisible" y verlo antes que los demás. Una vez que tenemos la imagen, actuar. Ahora que si el instinto ha fallado las últimas 74 veces, regresa al punto número 5.

24 Escucha a tu competencia. Pero no te compares y no copies, innova y haz que tu competencia te quiera copiar a ti. Si aprendes a "predecir el futuro", siempre estarás adelante de tus competidores. Saber PNL, lenguaje no verbal, calibración, "eL efecto Leopi"©, *coaching*, y todo conocimiento que puedas agregar, se convertirá eventualmente en tu forma de predecir el futuro. Por ejemplo, yo he visto que "mi competencia", aunque tengo poca, sube videos a la red, yo no lo hago; yo busco otra cosa más original.

25 Haz que tu equipo de trabajo quiera el proyecto. Transmíteles tu pasión, véndeles tu idea a tu gente, así lo cuidarán y crecerán contigo. A tus socios, al igual que a tus clientes, empleados, parejas, etc., los tienes que conquistar, seducir, enamorar. Por eso es tan importante este libro y esta información. Una vez que empiezas a entender el concepto de que conquistar es el talento y el arma más letal del mundo, es cuando tu vida empieza a dar giros, brincos y las cosas despegan como cohete. Ahora, chiquilines, para cerrar sabroso, los consejos de mi socio de Cdkids, Jesús… o Chucho, pa'los cuates. Este tipo es una máquina de buenas ideas y un ejemplo de cómo hacer que un negocio jale y jale bien. Pónganle atención.

26 Nunca dejes de aprender. Me regreso a mi ejemplo en este mismo libro donde un gurú de la PNL dice que las redes sociales no son un buen lugar para hacer negocio y vender cursos. ¡¿Qué?! Éste es obviamente un tipo que ya dejó de aprender, o que piensa que está demasiado viejo para aprender a usar redes o que de plano cree que ya lo sabe todo. Por ejemplo yo, a mis tiernitos 18 años, escribiendo este libro aprendí muchísimo: aprendí *coaching* con PNL el año pasado, aprendí cosas de carisma de Owen, y hasta algunos de los tips de negocios que estás leyendo son también nuevos para mí. Lee libros, busca sobre todo los de temas que ayuden a tu negocio, busca en la red, toma cursos, pide consejos a tus amigos exitosos para el negocio y sobre todo continúa haciéndolo.

27 Si empatas, pierdes. Con esto nos referimos a que no le apuntes a algo chiquito, no te conformes. Yo jamás pensé que haría todo lo que hago ahora, pero siempre lo deseé, lo soñé e hice hasta lo imposible para que sucediera. Por ejemplo, yo no quiero ser un *coach* o conferencista más, que da unos cursitos de vez en cuando a unas cuantas personas. Eso es empatar, empatar con miles de entrenadores. Yo quiero un nivel más arriba que Tony Robbins, por ejemplo. Llenar un estadio, que la primera fila cueste 14 000 dólares, llegar e irme del curso en helicóptero a mi casa en mi propia isla. Eso es ganar. Apúntale a una estrella y en el peor de los casos llegas a la estratosfera. No te quedes corto, no empates. ¡Ay, qué bonito!

28 **Levántate más veces de las que caigas.** Pues sí, súper "clichesoso"; tan "clichesoso" como la historia del coronel Sanders de KFC, o todas esas historias de negocios que medio fracasaban o estaban atorados pero con paciencia y perseverancia triunfaron. Ahora, obviamente muchas cosas serán "prueba y error", pero empezarás a aprender lo que funciona y lo que no (consejo 26). Y a veces perderás plata y a veces estarás a punto de la quiebra, pero el chiste es aguantar vara y poner lo huevos en varias canastas, y tenerlos grandes, también. Por eso es tan buen consejo el siguiente.

29 **Pon tus huevos en varias canastas (no es literal, no te vayas a lastimar).** No queda más que seguir usándome a mí mismo de ejemplo, pero es que ¡es cierto! No sólo "eL efecto Leopi"© se divide en canasta 1: Libros, canasta 2: Cursos, canasta 3: Asesorías personales, canasta 4: "eL efecto Leopi"© empresarial, canasta 5: Audios y videos a la venta en la tiendita; sino que también tengo canastas externas, o sea, otras posibles entradas de $$$, como Cdkids, mi estudio de grabación, dar clases y próximamente Los Leftovers, que hasta ahora sólo han dejado felicidad y números rojos, pero que pronto nos darán para esa isla que les contaba.

30 **Promete menos, entrega más.** Pues puede ser hasta obvia, ¿no? Yo siempre me había quejado de las personas que ponían fechas de entrega irreales de productos o servicios y luego se estaban matando para cumplir, y abrían el restaurante con el techo a medias, o simplemente no entregaban a tiempo el libro que habían prometido para cierta fecha, pero pues ¿qué les digo? Yo y mi gran bocota (para forzarme a escribir) prometí que entregaba este libro el 14 de febrero de 2016. Una operación de vesícula, y una carga exagerada de trabajo harán que lo entregue dos meses después de lo prometido. Prometí de más y entregué tarde. No seas como Leopi (en este punto nada más).

Va un consejo mío de pilón como decimos en mi país, de regalito extra. Practica. Cualquiera que vaya a ser tu rol en tu negocio, practícalo solo, practícalo con sujetos que quieran y acepten ayudarte a practicar, grábate en video, critícate, corrige, vuelve a hacerlo y evalúate con objetivos a corto, mediano y largo plazo; y siempre sigue practicando. Yo practico sin cesar lo de mi banda (aunque no parezca), practico lo que enseño y practico manejar mi negocio diario.

13

LOS LEFTOVERS

ATRAVESANDO EL INFIERNO

Capítulo 13 • Los Leftovers

CASI TODOS LOS LEFTOVERS (FALTA CHAVA)

Así es mis queridos y queridas: la historia de lucha, sangre, hermandad, champaña, limusinas, ensayos y llanto de mi grupo de rock... aún no se termina. Si no leíste mis libros anteriores te estarás preguntando: ¿Y esto, qué hace aquí? ¿Leopi tiene un grupo de rock, pues que no era escritor? y... si tiene un grupo de rock ¿a mí que me importa?, y tienes razón. Te voy a explicar. Una de las herramientas que más uso y espero que también lo hagas tú para persuadir a alguien de algo, son las metáforas. Cuentas una historia a tu interlocutor donde indirectamente le vendes una idea subliminal. Ejemplo: lo que ves en historias como *Karate Kid, Rocky, The Pursuit of Happiness*, etc., es la historia de su personaje principal, pero subliminalmente lo que venden es la superación personal. Cómo es que a través de trabajo arduo, pasión, sobreponerse a la adversidad, etc., una persona puede triunfar en la vida, sin importar todos los problemas a los que se haya tenido que enfrentar. Golpes incluidos.

Ahora, uno puede ser aún más mañoso y escoger una historia para contar que no sólo pueda lograr proyectar el mensaje subliminal de que todo es posible en el lector, sino agregarle que la historia venda algo más. En mi caso, yo tengo una banda de rock que tiene grandes posibilidades de triunfo (bueno, eso digo yo) a pesar de las adversidades que nos ha presentado el mundo.

Por eso, si te voy a contar una historia para entretenerte y a la vez persuadirte de que todo es posible si tú haces que suceda, ¿por qué no, que sea la de Los Leftovers? Con la ganancia secundaria para mí de que te dé curiosidad y nos oigas, de que te pongas la camiseta y dones para la causa, de que te vuelvas fan o de que ya de perdida vengas un día a un concierto de nosotros. Por donde lo veas, hay ganancia.

Entonces, te voy a poner al día con las aventuras de unos muchachos muy musicalmente apasionados creando en tu cerebro inconsciente todos estos resultados antes mencionados.

Tú ganas aprendiendo el arte de contar historias y de usar metáforas de PNL para persuadir y conquistar y yo gano un fan. Negocio re-don-do.

Y además, uno nunca sabe; en el ejercicio de ¿cómo llegaste aquí?, plantearemos la importancia de conocer a mucha gente y de que toda esa gente sepa qué haces, a qué te dedicas, tus sueños, etc., porque toda persona que conozcas puede ayudarte a cumplir un sueño o convertirse potencialmente en tu cliente, proveedor, amigo, tu pareja etc.

¿Qué tal si tú decides ser el próximo patrocinador de este grupo?

Y por último, este capítulo nuevo de la historia de mi grupo está plagado de momentos "haz que suceda" que marcaré cada vez que sucedan con un HQS para que veas cómo es que lograr lo que tú quieras, es una cuestión de hacer.

Comenzamos.

La historia de mi grupo llegó a una pausa hace unos años cuando a nuestro A&R (o sea el que nos firmó con Sony Music) le quitaron el empleo. Así cómo en la política, sus proyectos salieron de la compañía junto con él. Snif.

Obviamente esto tuvo repercusiones en el estado de ánimo y las prioridades de todos los elementos del grupo. El Muerto (solía ser nuestro bajista) se fue a vivir a Querétaro a criar un humanito nuevo. Chava (el guitarrista) decidió reproducirse otra vez también y pues eso no deja mucho tiempo libre para el rock; menos cuando estás en una banda que sólo genera números rojos, harta felicidad eso sí, pero cero ganancia económica. Pam (la vocalista) se casó. Quique sacó su proyecto solista y uno más fue secuestrado por el ejercicio, el sistema, la chamba y una mujer a la que llamaremos Koyo para mantener su anonimato. Luigi y yo nos mantuvimos un poco más estables, aunque yo me ocupé mucho con estos menesteres de "eL efecto Leopi"©.

El tiempo pasó, ya casi no había conciertos ni ensayos… ¡No había ensayos! ¡Hace unos años el ensayo con la banda era el momento preferido de todos los involucrados! Nos reíamos, bebíamos, hacíamos música, cantábamos canciones de otros grupos, invitábamos amigos, vaya, nuestro pequeño pedacito de un cielo rockn'rolero, ahora, agonizaba en coma.

Pues llegó un momento de esa apatía musical en el que mi sistema dijo ¡ya basta! YO necesitaba tocar, cantar, componer, ver a mis amigos, hacer música con ellos, necesitaba volver a mi pasión. El rock. Así que me dije a mí mismo: "Mí mismo, es momento de revivir a "Los Leftovers" (HQS).

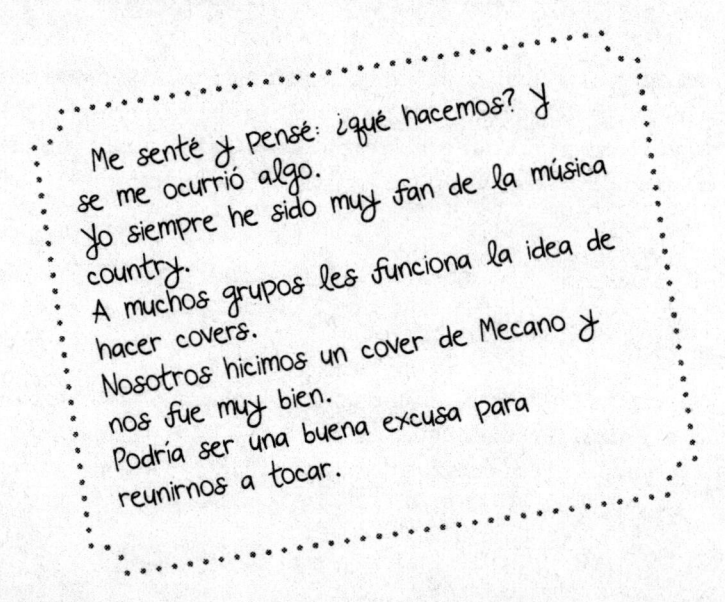

> Me senté y pensé: ¿qué hacemos? Y se me ocurrió algo.
> Yo siempre he sido muy fan de la música country.
> A muchos grupos les funciona la idea de hacer covers.
> Nosotros hicimos un cover de Mecano y nos fue muy bien.
> Podría ser una buena excusa para reunirnos a tocar.

O sea, grabar un disco nuevo… de *covers*… de *country*… ¿Por qué no? Así fue como después de algunas llamadas telefónicas, mandé un mensajito por el chat de la banda: "Señores, vamos a empezar a grabar el segundo disco de la banda el 11 de abril de 2014. Esté quien esté"…. Y ese primer día de planeación y grabación sólo estuve yo. Bueno, pues a adaptarse, como nadie se reportó, por lo pronto, yo escojo los temas, y así fue. Al siguiente día ya con los temas escogidos, me puse a trabajar en las madrugadas (HQS) porque de día tenía entrevistas, asesorías, cursos, clases, gym, etc. Pasaron unas semanas y su servidor ya tenía las letras traducidas de las canciones nuevas, así que me puse a grabar.

YO, GRABANDO LA VERSIÓN 1 DEL DISCO EN MI CASA EN LA MADRUGADA

La gran mayoría de las cosas las puedo grabar solo, pero no suena igual, ni toco tan bien la batería como Luigi, o la guitarra como Quique. Pero ése no era el único problema que presentaba mi nuevo proyecto musical. Había más, como por ejemplo dos de los instrumentos que hacen que la música country suene country son la guitarra *pedal steel* y el *fiddle* (un tipo de violín) y pos esos na'más no se me dan.

Pues me puse a buscar en internet quién me los podría grabar a distancia (HQS) y encontré a un señor en Houston que me grabó los *pedal steel*. No encontré violinista. Como no encontré quién me grabara los *fiddles* me puse a buscar videos en Youtube para ver qué hacían ellos y tratar de reproducirlo en mis teclados.

En esa búsqueda descubrí a una niña de 12 años de Alabama tocando el violín de la canción que yo necesitaba, pero tocando como los mismísimos dioses, y en su canal de Youtube venía su email.

Pos que le escribo y pos que me contesta.

Después de explicarle y proponerle el mismo trato que tenía con el guitarrista de Houston, la pequeña Ashley pidió permiso a mamá. Ya sé, *weird*, pero pues sí, es una escuincla. Mamá Ashley habló con Leopi y aceptó ser nuestra violinista virtual. ¿Quiobo? Ashley grabó casi todos los violines del disco desde su casa, con su violinsito para enanas y su micrófono —excepto los que grabó el mariachi policía pero esa es otra historia.

LOS COROS DE LOS LEFTOVERS

Bueno, pues empecé a avanzar más rápido porque cada vez me emocionaba más y de pronto un día, Pam me dijo que un amigo de ella le proponía un día gratis en su estudio de grabación. Yo necesitaba un estudio un poco más grande para grabar baterías. Pos "inge su". Fuimos a grabar ahí y ya entrados en calor, regrabamos medio disco.

Angel Reyero, de la difunta Quinta Estación, nos grabó varias guitarras, apareció también un amigo del dueño del estudio, que resultó ser policía de día y violinista de mariachi de noche, y nos grabó las canciones que le faltaron a Ashley debido a que estaba castigada por calificaciones —¡Eso es una mini leftover! —. Ahora, nuestro disco sonaba espectacular.

Tan espectacular que pensé... "¿y si se lo enseño a Armando y a Emilio Ávila?", los productores de nuestro primer disco con Sony Music. Pues sí, es una buena idea, pero ¿cómo hacer para que lo oigan y se

> vuelvan locos? ¿En que timing podría yo agarrarlos para que sea imposible que me digan que no?... y resultó que había uno. La boda de Armando en Cancún. Mi pensar fue: "Playa, boda, cientos de amigos... ¿qué mejor momento para asegurar un 'sí'? manos a la obra". Pam recibió su invitación unos días después, yo no. Honestamente no sé si esa invitación me iba a llegar o no, pero no me podía arriesgar, así que tomé una decisión (HQS).

Compré un boleto a Cancún en la fecha de la boda, le tomé una foto y se la mandé al hermano del novio con la leyenda: "No sé por qué no me ha llegado mi invitación a la boda de Armando pero yo ya compré mi boleto de avión, te aviso que si no me llega la invitación de todos modos iré, pero a vandalizar el bufé. Tú sabrás. Atte *Leopi colado*".

Mi invitación llegó telefónicamente unos días después. Hice que sucediera.

Llego el día de la boda, yo ya bronceado, aceitado, disfrazado y todo lo demás, llegué a la locación, ahí estaba ya Pam, nuestro plan corría acorde a todo lo planeado.

LEOPI, KAREN Y EMILIO ÁVILA
(PRODUCTOR DEL DISCO)

En el momento correcto logramos hablar con el novio y le contamos. Él sólo sonreía. De pronto yo dije: "Bueno, Armando, casualmente tengo aquí un disco con lo que llevamos grabado". A lo que me contestaron que querían oírlo todos juntos en el estudio con un whisky en la mano. Eso definitivamente era una buena señal.

Ya en México, con más calmita llegó el día. Sólo estuvimos Luigi, Pam, Emilio y yo. Teníamos miedo.

Para colmo de males, las bocinas donde lo íbamos a oír no funcionaron ese día, y tuvimos que oírlo en unas bocinas que yo personalmente detesto, siento que suenan horrible pero aún así, Emilio oyó, preguntó, sonrió y dijo:

"Hagámoslo, regrabémoslo en Cosmos"
¡Momento súper archi recontra requete HQS!

EL PRECISO MOMENTO EN QUE
EMILIO OYE POR
PRIMERA VEZ NUESTRO DISCO

(Mis pies se ven relajados, pero realmente los tenía cruzados porque por dentro tenía diarrea)

Y así pasó, escogimos cuatro de los 11 temas que yo ya tenía grabados y empezamos la regrabación, ya con Quique de regreso en las filas de Los Lefts.

Ahora, mis chiquilines, preparamos el lanzamiento mundial del segundo disco de mi grupo, con grandes productores, grandes músicos, grandes canciones, en un momento casi idóneo para lograr que este proyecto sea un éxito, aunque Pamela tenga que parir en el camerino de algún estadio (así lo externó la seño).

Esto señoras y señores es HACER QUE LAS COSAS SUCEDAN.

DESCARGA NUESTRO DICO GRATIS EN www.losleftovers.com

P.D. El de la guitarra blanca es Chava, el que faltaba en la foto del principio del relato.

HISTORIA "HAZ QUE SUCEDA 2". LEOPI-SAN INTENTA LLEGAR A JAPÓN

Así es chiquilines. ¿Quieren que les cuente otro cuento? Fíjense que en alguno de aquellos legendarios viajes a Colombia con Gabriel Guerrero conocí a unas chicas que son entrenadoras de PNL en tan lindo país. Nos hicimos amigos, pues, porque así es uno.

Años después yo empecé a dar cursos y estas chicas, aunque han confiado en mí para cursos de PNL y música, aún están renuentes a dejarme enseñar a conquistar en su instituto. Sin embargo, nunca me lo he tomado personal (sí, hay una lección que aprender aquí). Así fue que nuestra amistad continuó por varios años.

Paralelamente a esto, hace más de una década cuando yo trabajaba con Gabriel Guerrero pasó algo que hizo mucho por mi futuro. Estábamos en Puerto Vallarta, Gabriel había organizado un curso de Don Bandler allá. Yo como siempre estaba en la producción de audio y en la música del evento. La traductora simultánea canceló. Gabriel entró en pánico y me preguntó que si yo podría hacerlo. Yo contesté que aunque yo tuviera muy buen inglés, traducir simultáneo era algo muy difícil. Gabriel respondió: "Te pago el doble". Yo contesté: "¿A qué hora llego?". Así fue como me convertí en el traductor del emperador de la PNL, y lo he vuelto a ser en varias ocasiones. Pero ésta es sólo la introducción a la historia (HQS) que les quiero contar, ahora sí, ahí les voy, duro y tupido.

Chéquense lo maquiavélico, estratégico y HQS que puedo llegar a ser.

Un día casual de verano me llamó mi amiga Rocío, de Ingeniería Mental de Bogotá para preguntarme si quería ir al curso para entrenadores de Bandler en Orlando, Florida. En un principio yo pensé que me estaba tratando de vender un boleto o algo así y contesté que gracias pero no gracias. No era que no quisiera ir, obvio, sino que yo tenía mucho trabajo, ensayos y en ese momento mi *timing* no era el de ir a un curso a aprender más, ¡ah qué equivocado estaba yo! Siempre es momento de aprender algo más. Después recordé que algún día me mencionó un plan de armar un grupo de gente en Colombia, llevarlos al curso y llevarme a mí a traducir. Me di un autozape en la cabeza y le marqué a esta mujer y le pregunté que cuál era su plan.

Efectivamente era el plan antes mencionado. Pero había un "*catch*"...

Rocío tenía sólo cinco personas en el grupo y no alcanzaba aún para pagarme un sueldo, sólo mis viáticos.

Le contesté que lo iba a pensar, e hice mi clásica (y ahora tu clásica) lista de pros y contras:

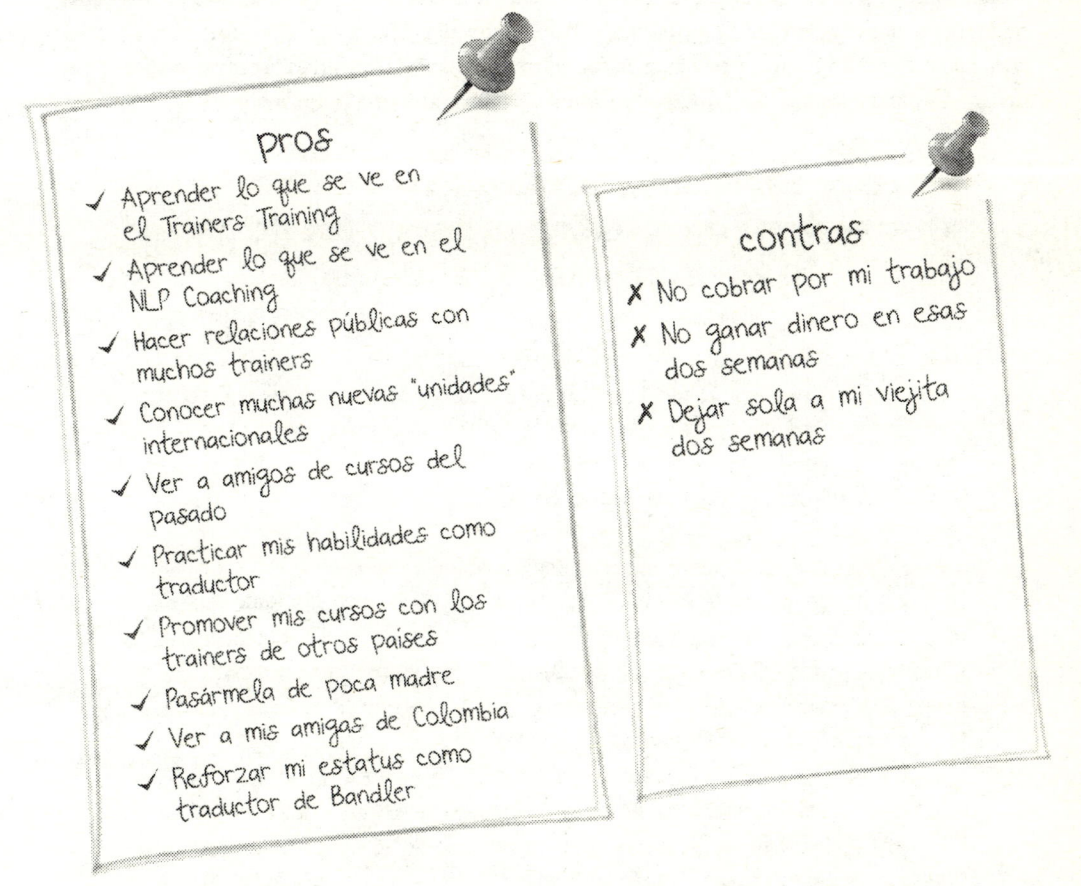

pros
- Aprender lo que se ve en el Trainers Training
- Aprender lo que se ve en el NLP Coaching
- Hacer relaciones públicas con muchos trainers
- Conocer muchas nuevas "unidades" internacionales
- Ver a amigos de cursos del pasado
- Practicar mis habilidades como traductor
- Promover mis cursos con los trainers de otros países
- Pasármela de poca madre
- Ver a mis amigas de Colombia
- Reforzar mi estatus como traductor de Bandler

contras
- No cobrar por mi trabajo
- No ganar dinero en esas dos semanas
- Dejar sola a mi viejita dos semanas

Conclusión obvia: conviene ir, aún sin cobrar. Pero yo soy aún más mañoso que eso. Entonces, le dije a Rocío que con gusto lo haría sin cobrar, pero que si juntaba suficiente gente para pagarme, entonces sí le cobraría. Y así fue. Un mes antes del evento me avisó que sí podría pagarme porque al final se inscribieron más de 16 personas. ¡Woohoo! Eso no es todo mis queridos churumbeles, hay mucho más.

Unas semanas antes me mandé a hacer tarjetas de presentación y llené mi mochila de discos de *Leopi FX* (es el disco con la música de mis hipnoaudios. Llevaba esos discos porque mi mamá me ha enseñado toda mi vida, con ejemplos, un gran consejo: siempre llega a todos lados con un regalo, un detalle. Llegué a Orlando y comenzó una odisea cerebral y de RP de dos semanas. Aprendí una tonelada de información (parte de ella viene en este libro) y logré el cometido principal. Conocí a un brasileño que tiene un instituto de PNL y ya estamos negociando cursos de "eL efecto Leopi"© allá. Lo mismo con un costarricense, una "paisa" (Medellín), un noruego y una finlandesa. ¡PUM! Además de todo esto había toda una comunidad japonesa tomando el curso; como 50 de ellos con su respectivo equipo de dos traductores por día, porque es muy cansado para una sola persona traducir un día entero a otra persona sin ayuda; bueno, pero yo soy una máquina.

Decidí entonces que sería una gran idea intentar llevarme a mí y a mi efecto al Lejano Oriente, así que mis misiones autoimpuestas fueron:

Paso 1. Ir a platicar con la traductora de Japón.
Paso 2. Aprender un poquito de japonés: Cómo decir "yo soy el traductor", "hola", "adiós", "este regalo es para ti", "agrégame en Facebook" y "estás muy bonita" (uno nunca sabe).
Paso 3. Averiguar y hacerme amigo del que pueda llevarme a Japón a dar cursos.

Si ya saben como soy, ¿para qué me invitan?

Después de un poco de análisis, encontré quiénes eran las japonesitas mas emocionadas de estar en occidente; encontré una que hablaba inglés y una que no hablaba nada de inglés. Por supuesto que con mis recién adquiridos conocimientos del idioma me fui a conocer a la que no hablaba ninguno de los idiomas que yo domino.

¿Cómo la conocí? El nombre en su gafete estaba en japonés y en inglés, así que a mi gafete le puse mi recién inventado nombre: "GUAPO". Me acerqué (cambiando de estado) le sonreí y le dije "hola" en japonés. Después de un rato de "dígalo con mímica", el bizcochito llamado Nagisa se fue a dormir pensando que mi nombre era "guapo".
Esto se convirtió en la broma de toda la semana. Voilá, ya toda la pandilla japonesa sabía quién era yo.

¿Quióbole?

Nagisa y "El Guapo"

Los siguientes días me hice de varios buenos amigos y amigas de todo el planeta. Cuando ya, la Nagisa y yo (el guapo) éramos "sister and brother from another mother", pude averiguar quién era el mero mero petatero de la comitiva nipona: Naoto.

Esos días coincidieron con el cumpleaños de Kathleen Lavalle, que es de cierta forma el motor detrás de los cursos de Estados Unidos de Bandler, parte del *staff* y muy querida por todos, y se armó la *party*. Obvio fui. Obvio con discos en el saco. De pronto cuando vi a Naoto distraído pero contento, ataqué y le regalé mi disco. Naoto se mostró muy agradecido, tanto así que al otro día me regaló un portacelular para escritorio (supongo que a él lo entrenó mi mamá, porque el juguete que me dio era hecho en Tokyo).

Corte A. Me agregó a Facebook.
Corte B. ¿Adivinen a dónde llevaré "el efecto Leopi"© en 2017?

Por cierto, "yo soy el traductor" se pronuncia en japonés: "watashawi suyak" y "estás muy bonita" se dice "anataba kire"; repito, uno nunca sabe cuando se pueda ofrecer. ;) Ah y Leopi en japonés se dice "Guapo".

Ricardo (Bandler) viendo al horizonte
y "El Guapo"

Haz que suceda

14

Tu "bucket list"

Esto en inglés significa en su versión corta: la lista de cosas que quieres hacer antes de que pases a otro plano existencial, que cuelgues el "teni", que te cargue el payaso, que chupes faros (antes de que te mueras pues). Si lo resumimos en un plano menos poético, digamos que podrían ser tus objetivos, y éstos podrían estar acomodados a corto, mediano y largo plazo. Hay una película con Morgan Freeman y Jack Nicholson que habla de este tema y lo hace de una forma espectacular, (en Latinoamérica se llamó *Antes de partir*) y si no la has visto, urge que lo hagas.

En esa película, Jack Nicholson y Morgan Freeman deciden, al ver que tienen cerca a la huesuda, poner manos a la obra y cumplir todos los sueños que tenían en la vida. ¿No te suena como un plan espectacular? Imagínate que te digan: "Le quedan meses de vida". No sólo "¡QUÉ HORROR!", sino también qué horror que en ese momento digas: "Por qué no hice a, b, c, d, y hasta la w (sin ninguna connotación reggaetonera). Entonces el plan es planear YA.

Quiero, mi querid@ lector@ que tengas esa *bucket list* por escrito con las cosas que quieres lograr a corto, mediano y largo plazo. ¿Por qué? Porque nos va a servir en la siguiente parte de este capítulo, el plan maestro.

Una vez que tengamos esa lista, haremos un plan maestro, que consistirá en hacer un plan con pasos, fechas, opciones, ideas, etc., para lograr todos y cada uno de los puntos de la lista. Así, cuando te des cuenta, dentro de muchos años voltees y a ver tu vida, digas "wow" (entra "My Way" de Frank Sinatra).

¿Quiobo? Aquí te va mi bucket list, por si te sirve de ejemplo.

Corto plazo

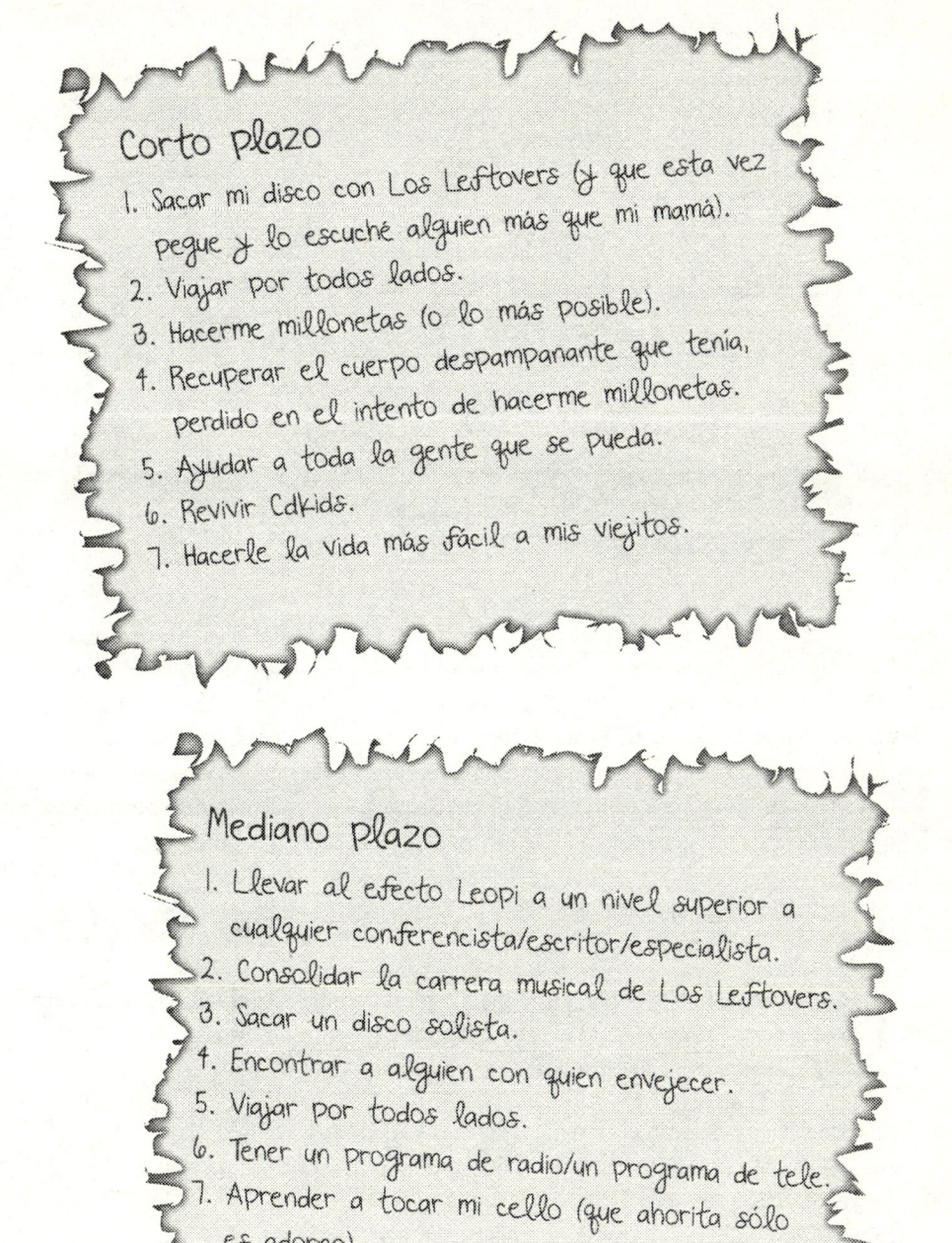

1. Sacar mi disco con Los Leftovers (y que esta vez pegue y lo escuche alguien más que mi mamá).
2. Viajar por todos lados.
3. Hacerme millonetas (o lo más posible).
4. Recuperar el cuerpo despampanante que tenía, perdido en el intento de hacerme millonetas.
5. Ayudar a toda la gente que se pueda.
6. Revivir Cdkids.
7. Hacerle la vida más fácil a mis viejitos.

Mediano plazo

1. Llevar al efecto Leopi a un nivel superior a cualquier conferencista/escritor/especialista.
2. Consolidar la carrera musical de Los Leftovers.
3. Sacar un disco solista.
4. Encontrar a alguien con quien envejecer.
5. Viajar por todos lados.
6. Tener un programa de radio/un programa de tele.
7. Aprender a tocar mi cello (que ahorita sólo es adorno).

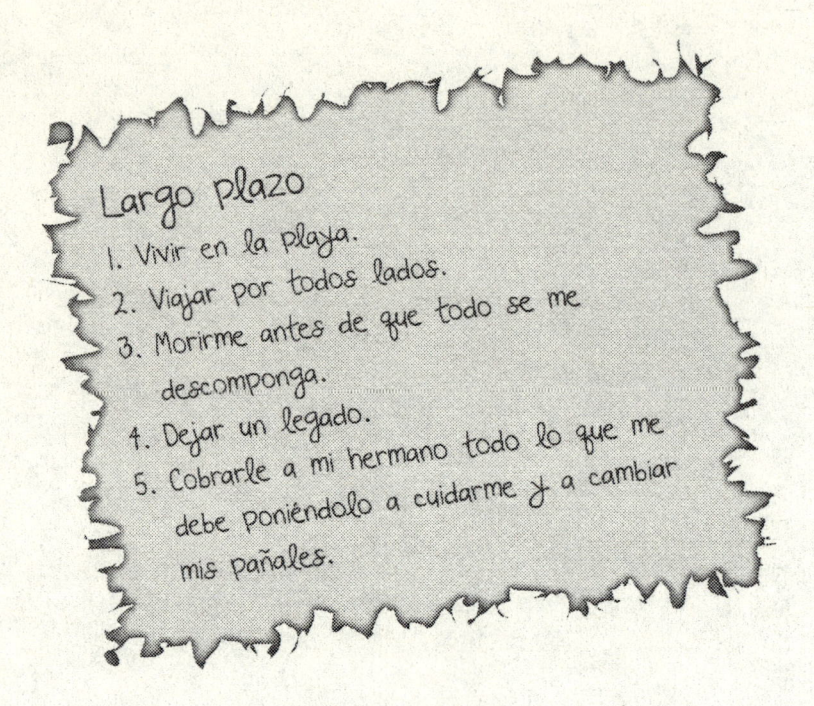

> **Largo plazo**
> 1. Vivir en la playa.
> 2. Viajar por todos lados.
> 3. Morirme antes de que todo se me descomponga.
> 4. Dejar un legado.
> 5. Cobrarle a mi hermano todo lo que me debe poniéndolo a cuidarme y a cambiar mis pañales.

Ok. Ése es el ejemplo de mi *bucket list* personal con las cosas que a mí me interesan. El chiste es que la tuya traiga las cosas que quieres lograr, conseguir, tener, vivir antes de que tú te mueras. Obviamente sólo tú puedes hacer tu *bucket list*. Como dice el buen Owen: "Por favor asegúrate de que tu *bucket list* no sea completamente egoísta, que tus planes no afecten negativamente a otras personas, ni a animales, ni al planeta". Una vez que tengas esta lista bien definida, basándote siempre en lo que vimos en el capítulo desprogramador, podemos pasar a...

El plan maestro

El plan maestro será, literalmente, un mapa, un plan, escrito, respaldado, revisado, en donde vas a apuntar todo, TODO lo que se necesite para lograr uno de los objetivos en particular. El plan maestro debe incluir:

1. Las herramientas del coaching personal, el modelo GROW.
2. Una lista de las personas que nos pueden ayudar a lograr esto.
3. Un lapso definido de tiempo.
4. Objetivos a corto, mediano y largo plazo.
5. Fechas y horarios.
6. Un plan B.

7. Una motivación bien desarrollada con las herramientas de PNL.
8. Debe quedar por escrito y si lo puedes grabar en audio también, mejor.
9. Debes de revisarlo DIARIO.
10. Imágenes motivadoras.
11. Usa referencia interna y externa para ponerte a hacerlo.
12. Castígate si no cumples, prémiate los logros.
13. Debes cambiar de estado siempre que vayas a usar el plan maestro.
14. Planea en grande.
15. Busca lo mejor pero hay que estar preparados para lo malo.

Ejemplo con el punto 1 (eL efecto Leopi©) de la sección "mediano plazo" de mi *bucket list*.

> Plan maestro para llevar eL efecto Leopi a niveles estratosféricos tiempo.
>
> Mediano Plazo (en los próximos dos años)
> 1. ¿Qué quiero? Que eL efecto Leopi se vuelva una marca internacional, reconocida, recomendada, con presencia en todos los medios posible, y que eso se refleje en la cantidad de clientes, historias de éxito y si se puede también en mi cartera. Escribir en más publicaciones, dar cursos en más países, tener programa de radio, tener programa de tele, infomercial, tener mucho más gente en los cursos.

2. ¿Dónde estoy?

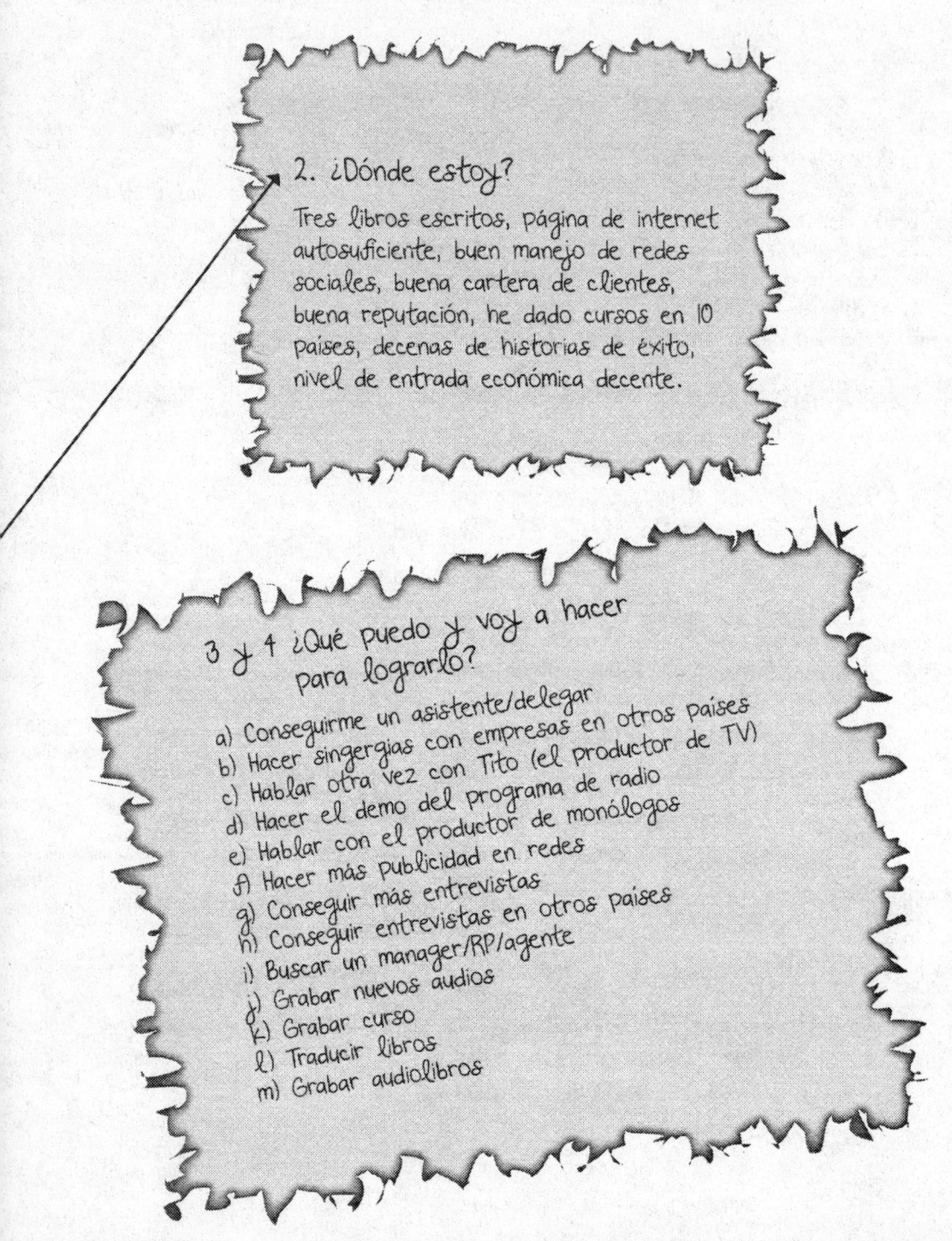

Tres libros escritos, página de internet autosuficiente, buen manejo de redes sociales, buena cartera de clientes, buena reputación, he dado cursos en 10 países, decenas de historias de éxito, nivel de entrada económica decente.

3 y 4 ¿Qué puedo y voy a hacer para lograrlo?

a) Conseguirme un asistente/delegar
b) Hacer singergias con empresas en otros países
c) Hablar otra vez con Tito (el productor de TV)
d) Hacer el demo del programa de radio
e) Hablar con el productor de monólogos
f) Hacer más publicidad en redes
g) Conseguir más entrevistas
h) Conseguir entrevistas en otros países
i) Buscar un manager/RP/agente
j) Grabar nuevos audios
k) Grabar curso
l) Traducir libros
m) Grabar audiolibros

extras

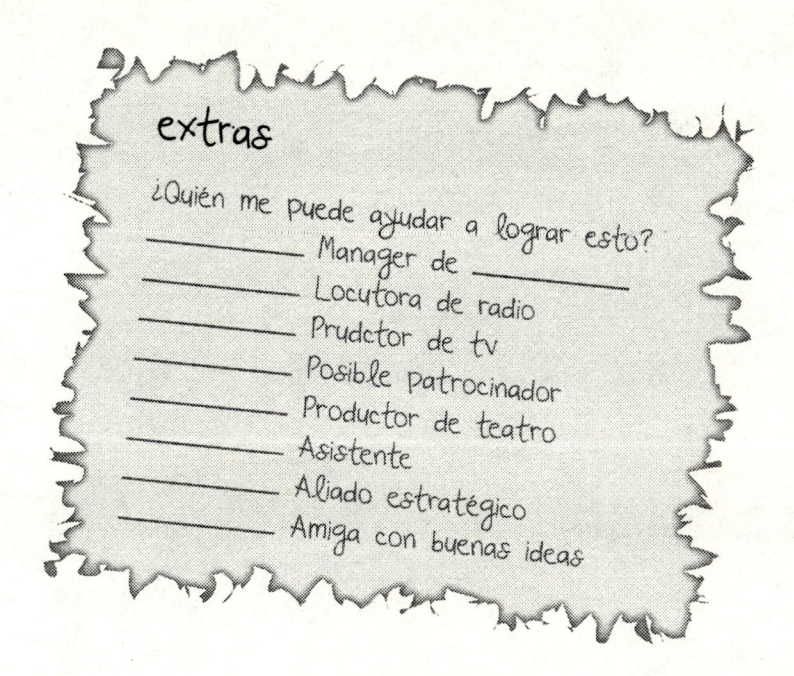

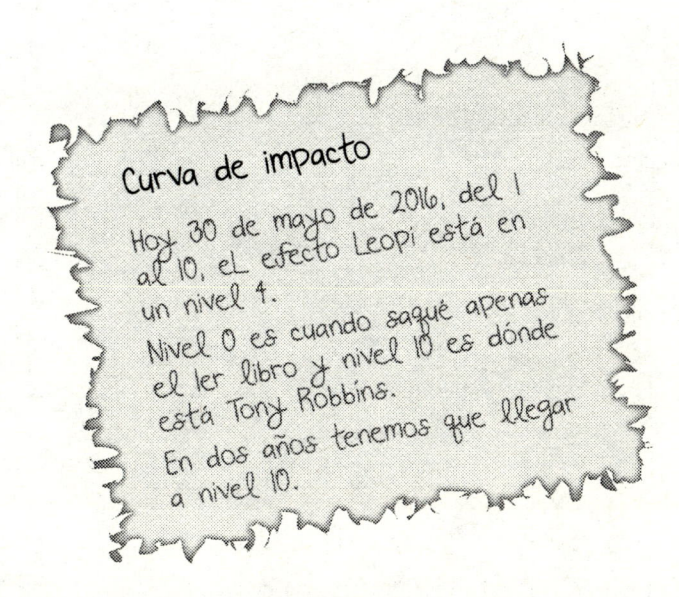

¿Quién me puede ayudar a lograr esto?
- _____ Manager de _____
- _____ Locutora de radio
- _____ Prudctor de tv
- _____ Posible patrocinador
- _____ Productor de teatro
- _____ Asistente
- _____ Aliado estratégico
- _____ Amiga con buenas ideas

curva de impacto

Hoy 30 de mayo de 2016, del 1 al 10, el efecto Leopi está en un nivel 4.

Nivel 0 es cuando saqué apenas el 1er libro y nivel 10 es dónde está Tony Robbins.

En dos años tenemos que llegar a nivel 10.

Plan de trabajo

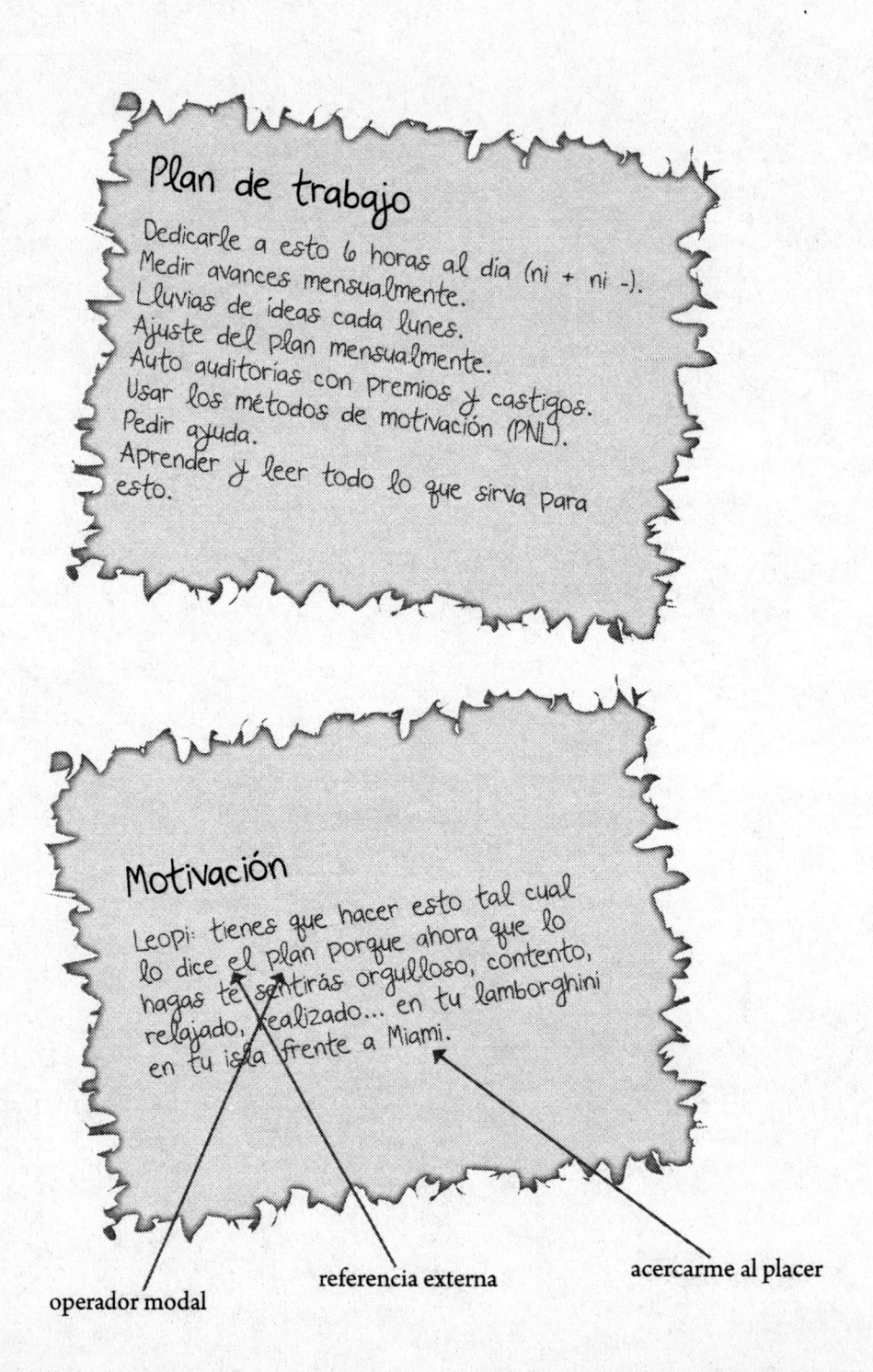

Dedicarle a esto 6 horas al día (ni + ni -).
Medir avances mensualmente.
Lluvias de ideas cada lunes.
Ajuste del plan mensualmente.
Auto auditorías con premios y castigos.
Usar los métodos de motivación (PNL).
Pedir ayuda.
Aprender y leer todo lo que sirva para esto.

Motivación

Leopi: tienes que hacer esto tal cual lo dice el plan porque ahora que lo hagas te sentirás orgulloso, contento, relajado, realizado... en tu lamborghini en tu isla frente a Miami.

operador modal — referencia externa — acercarme al placer

Fechas de la "Todo List"

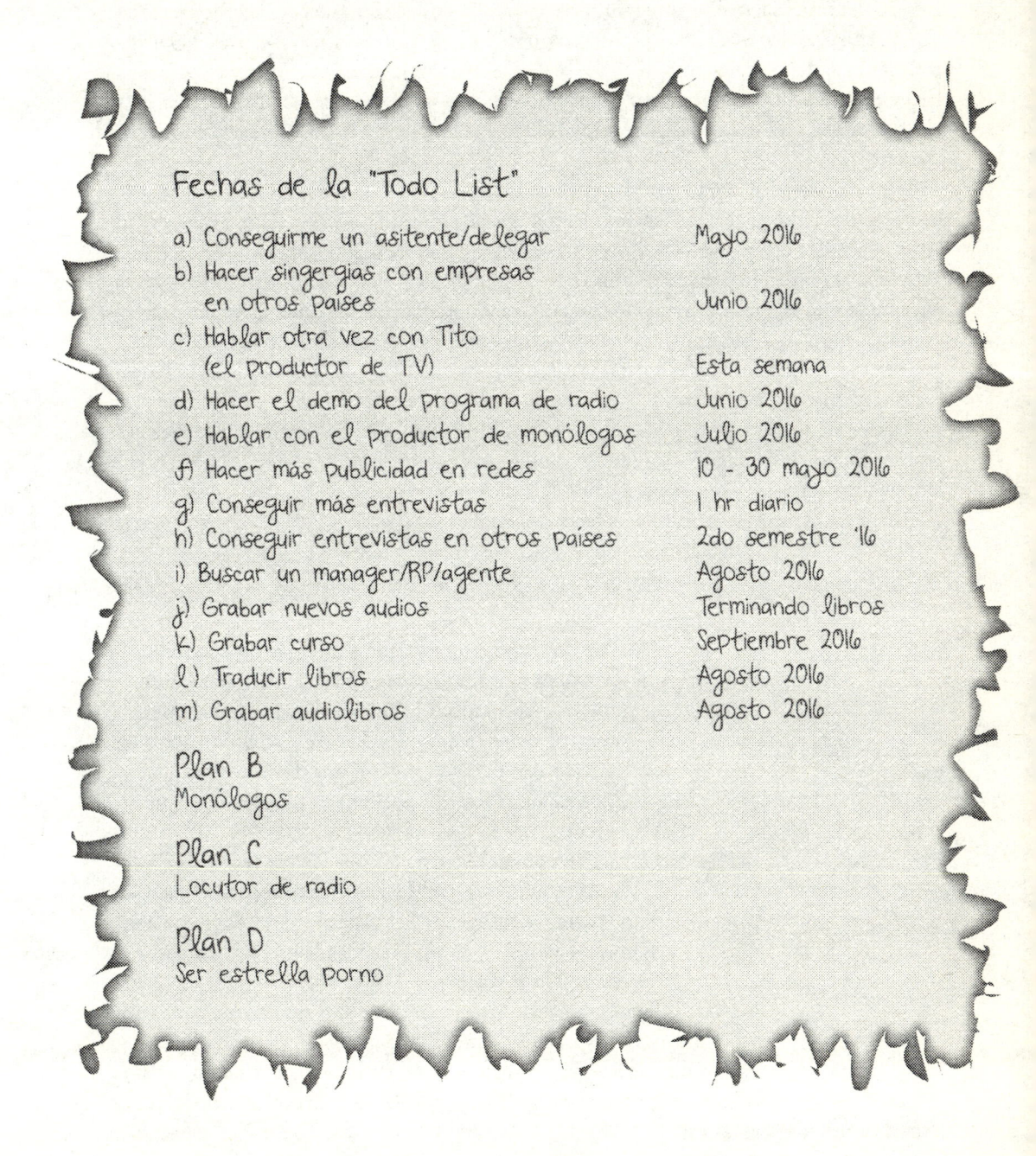

a) Conseguirme un asitente/delegar — Mayo 2016
b) Hacer singergias con empresas en otros paises — Junio 2016
c) Hablar otra vez con Tito (el productor de TV) — Esta semana
d) Hacer el demo del programa de radio — Junio 2016
e) Hablar con el productor de monólogos — Julio 2016
f) Hacer más publicidad en redes — 10 - 30 mayo 2016
g) Conseguir más entrevistas — 1 hr diario
h) Conseguir entrevistas en otros paises — 2do semestre '16
i) Buscar un manager/RP/agente — Agosto 2016
j) Grabar nuevos audios — Terminando libros
k) Grabar curso — Septiembre 2016
l) Traducir libros — Agosto 2016
m) Grabar audiolibros — Agosto 2016

Plan B
Monólogos

Plan C
Locutor de radio

Plan D
Ser estrella porno

Dentro del plan maestro de este punto en particular puse cosas que podrían ser parte del plan original, o algo que nada que ver (como mi idea de convertirme en estrella porno) o también podría ser algo más de tu *bucket list*. Si recordamos los buenos consejos para hacer negocios, no vamos a poner todos los huevos en una sola canasta, una cosa no está peleada con la otra y, si nos organizamos, todo se puede (entra la canción de si nos organizamos...).

Es una gran idea que tengas al menos una idea de cómo será tu línea de vida real, no sólo la imaginaria que usamos en los ejercicios avanzados de PNL. No tiene que ser exacta, pero si haces un aproximado tienes más posibilidades de lograr todo lo que quieras. Esto te lo recomiendo porque yo ayer tenía 19 años y ¡hoy tengo 42! ¡Cristo! Me hubiera encantado que alguien me ayudara a organizarme para sacar el máximo provecho del poquito tiempo que tenemos en el planeta, y no estar perdiendo el tiempo en cosas que podrían no ser importantes o buenas ideas. Obviamente toda cosa que hagas en tu vida es una experiencia, pero déjame te cuento algo. Mi papá ya está grande y está enfermo y obviamente se enfrenta todos los días a la posibilidad de que cualquiera de ellos sea el último. Debido a su enfermedad (EPOC) no puede salir de casa y está conectado a un tanque de oxígeno, se me ocurrió pedirle que hiciera algo para que se entretuviera y para que, hasta para mí, fuera más leve nuestra realidad.

Lo puse a escribir un libro.

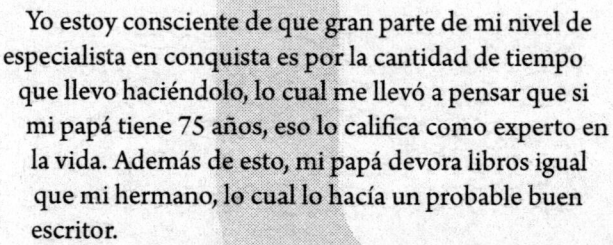

Yo estoy consciente de que gran parte de mi nivel de especialista en conquista es por la cantidad de tiempo que llevo haciéndolo, lo cual me llevó a pensar que si mi papá tiene 75 años, eso lo califica como experto en la vida. Además de esto, mi papá devora libros igual que mi hermano, lo cual lo hacía un probable buen escritor.

En tercer lugar, hace unos años le regalé un iPad, tiene mucho tiempo libre, a veces se aburre, vaya, hasta me parece increíble que no se me hubiera ocurrido antes. Entonces así fue. Puse a mi viejito a hacer lo mismo que yo. Y me impresionó. Mucho.

Obvio, conforme uno va creciendo va apreciando cada vez más los consejos, *tips*, ideas, ayudas y demás cosas que hace alguien más por uno; en este momento de la vida pensé que ya no tendría los sabios consejos de "Miyagi" (mi papá) cuando se me adelante en el viaje, así que le pedí que me escribiera un libro de consejos para la vida.

Tal vez te estés preguntando: "¿Y esto qué?". Pues esto:

- ¿Quién mejor que un experto en la vida para darnos consejos acerca de hacer planes maestros?
- ¿Quién mejor que alguien en el ocaso de su estancia en el planeta para hablar de *bucket lists*?
- ¿Quién mejor que mi papá, que trae mi sangre, escribe muy bien y no me va a cobrar regalías por esta participación.. verdad Pá?
- Tiene mucho tiempo libre y hay que entretenerlo para que no se ponga a jugar jueguitos o a hacer cosas que no sean provechosas.
- Se convertirá en su legado, habrá tenido hijos y escrito un libro, así que si plantó un árbol cumplió con todo.
- ¡Me deja mis consejos escritos para la vida cuando ya no esté! ¿Así o más suertudo yo?
- Como digo cada vez que hablo de Los Leftovers en mis libros... Pos es mi libro y yo escribo lo que quiera.
- Lo puse al principio de este libro: Prueba todo. Dale el beneficio de la duda a mi "chief", te apuesto a que te engancha y vas a querer comprar ese libro dentro de unos meses en www.elefectoleopi.com y ¡a ver donde más lo ponemos!
- Esto también comprueba que todo se puede hacer, TODO. Ni siquiera el cielo es el límite. Se lo propuse y juntos hicimos que sucediera, sin importar la situación, la edad, o que nunca hubiera escrito antes algo que no fueran recetas médicas.

(Mi apá es doctor, uno de verdad.)

- Ya pagaste una lana por este libro y quieres sacarle el mayor provecho posible, el extracto de su libro que te voy a poner a continuación es exactamente de lo que hablaba yo cuando fui tan valiente como para confesar mi edad en este libro, créeme, te va a dar una patada motivadora en el culito para que te pongas a HACER QUE SUCEDA. Así que sin más preámbulos te dejo con mi progenitor, el Doctor Guillermo Castellanos, mi papito adorado.

Hoy cumpliste 20 años, lo celebraste dignamente, una buena reunión, muy sabrosa comida, ricas y caras bebidas, cigarrillos importados, uno que otro por allí de tonalidad verde, gran cantidad de gente bonita que te acompañó, amigas y amigos que te estiman, que tú quieres mucho... la pasaste súper...

Es de madrugada... debes descansar un rato... luego a trabajar...

Nunca faltas... comentas: Mi chamba es muy importante, me ha proyectado a un buen nivel, soy directora en una corporación internacional, me gusta lo que hago y trabajo 12 horas al día. Hasta mañana... dulces sueños...

Abro los ojitos y me pega con diabólica intensidad el dolor que desde hace seis meses fastidia mi espalda...

Con mucho esfuerzo voy al baño... el dolor del "hallus valgus" me mata... estoy mareada y tengo mucha sed... ¿Qué me pasa?..... no entiendo... anoche celebré el vigésimo cumpleaños... me acosté bien happy... bien comida... bien servida. La báscula muestra 105 kilos... no puede ser... el espejo me refleja de 50 años... estoy soñando... es una pesadilla.

La vida se pasa en un abrir y cerrar de ojos, es muy corta y cuando menos lo esperas te pasa la factura.

Treinta años que pasaron rapidísimo, estabas tan enajenado con tu trabajo, que no reparaste que el tiempo vuela... poco a poco fueron asomando pequeñísimos achaques, uno que otro síntoma, leves molestias aquí, leves molestias allá...

Pero era más importante tu estilo de vida.

Treinta años más tarde... allí están las consecuencias.

Algunas enfermedades: diabetes, mala circulación, várices, obesidad, hipertensión arterial, artritis, juanetes, colesterol y triglicéridos altos y principios de enfisema.

¿Y sabes que es lo más irónico del asunto?

Que todas esas enfermedades son prevenibles.

Si a los 20 hubieras atendido el cambio de actitud, el cambio de hábitos higiénicodietéticos... hoy estarías sano, fuerte, vigoroso.

Tu envejecimiento sería exitoso.

El poema de Jorge Luis Borges "Si volviera a nacer" es hermoso, impacta:

"Tengo 85 años y sé que me estoy muriendo", así termina el poema.

¿Qué puedes hacer a los 85 años?... tu cuerpo ya está señalado, las enfermedades intensas y avanzadas... hagas lo que hagas, nada modificarás. Cuando el diagnóstico indica enfermedad terminal... lo único que quieres es vivir... encontrar un medicamento de última generación que te cure. Si te dicen que bebiendo caca de vaca te vas a curar... buscas deshechos bovinos para beber... y honestamente ni la nariz arrugas. Te aferras como desesperado a la religión y por primera vez en la vida lees una Biblia, vas a la iglesia, cumples con los preceptos de tu religión, invocas a Dios, quieres establecer comunicación, oras pidiendo su intervención y a veces hasta exiges que te favorezca con un milagro. Pero cuán equivocado estás. Así no funcionan los milagros. ¿Por qué no lo pensaste antes?... ¿Por qué no cambiaste antes?... ¿Por qué Jorge Luis esperó tanto tiempo para el cambio? Porque nunca pensó a futuro... porque nadie se preocupa por su vejez... por su salud... por su seguridad. Qué contraste. Cuando somos jóvenes vivimos alocadamente, coqueteando con el peligro, siempre en el filo de la navaja y cuando a viejos llegamos hasta de las corrientes de aire nos cuidamos.

Ése es mi papá (entra "Mi viejo" de Chente).

Pronto su libro para la vida en www.elefectoleopi.com

Leopi

Richard Bandler, Gabe, Gaby, Yo, John Lavalle

Yo en mi cabinita de traducción

Su servidor y mi papá

La Gordis y yo

204 Capítulo 14 • Haz que suceda

Yo

Mi Parcera

Alfaomega   Haz que suceda • Leonel Castellanos

LEONEL "LEOPI" CASTELLANOS

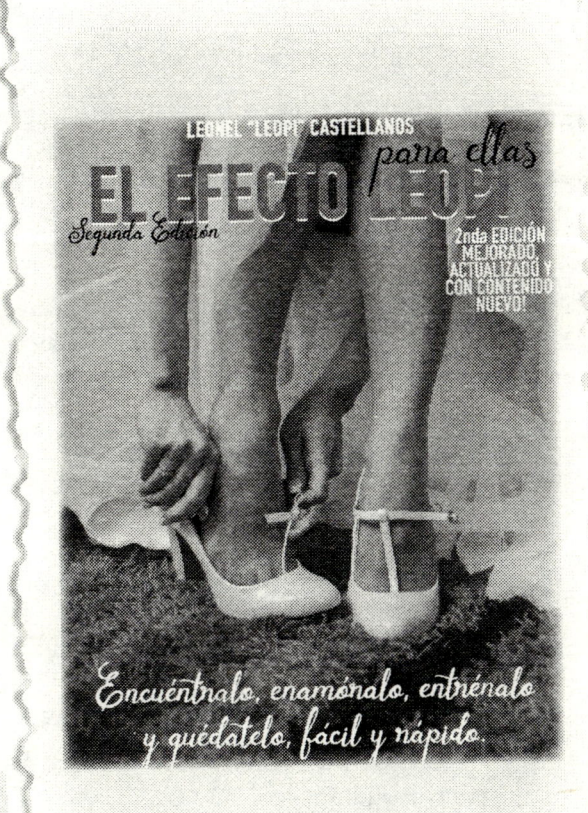

EL EFECTO LEOPI para ellas
Segunda Edición

2nda EDICIÓN
MEJORADO
ACTUALIZADO Y
CON CONTENIDO
NUEVO!

Encuéntralo, enamóralo, entrénalo y quédatelo, fácil y rápido.

El siguiente

Lo que vamos a hacer aquí, ya casi para terminar el libro, es un ejercicio que yo amo. Se llama: ¿Y cómo llegué aquí? Se trata de pensar y trazar el camino de relaciones personales que te llevó a donde te encuentras hoy. El chiste es recordar qué persona fue la que te recomendó, invitó, presentó y consiguió cada cosa que hizo que hoy estés donde estás. Haremos aquí el ejercicio con Leopi como ejemplo, pero la tarea será que tú hagas el tuyo.

Una vez que lo termines y lo veas por primera vez trazado enfrente de ti, te darás cuenta del porqué es tan importante conocer gente y hacer que las cosas sucedan, SIEMPRE.

Mi ejemplo se trata de cómo llegué a ser "eL efecto Leopi"© (no en cuanto a lo que hablo en mis demás libros, sino en cuanto a cómo sucedió que pasamos de ser un güey con una idea, a ser el CEO de una empresa internacional de capacitación y autor de tres *best sellers*, el tercero será éste).

La cosa fue así:

"eL efecto Leopi"© LEOPI

1990: conozco a Pablo García, se vuelve mi amigo de la prepa por la afinidad de tocar el piano, era amigo de:

1991: German García, me recomienda para rentarle equipo de audio a:

1998: Gabriel Guerrero, trabajo con él por años, aprendo PNL de él y me presenta a:

2004: Richard Bandler, empiezo a trabajar con ellos, por esas fechas, en un curso de Gabriel, conozco a Rita Margolis, ella me daría después el contacto de la que fue mi primera casa editorial. También en uno de sus cursos conozco a:

2005: Xavi Pirla, él me convence de escribir un libro en 2010 y por él conozco a:

2010: Sandra Van Biezen, ella se vuelve mi manager para Europa y hace que sucedan los primeros cursos.

2011: en otro curso de Bandler conozco a Owen Fitzpatrick, colaborador de esta obra literaria mundial.

2011: en un curso de Gabe conozco a Paty Camacho (que se convertiría en mi manager en Colombia) y a Paola Aldean (que se convertiría en mi manager en Ecuador).

2011: Gabriel Guerrero dona a mi changarro su base de datos para que dé mi primer curso en la Ciudad de México.

2012: Martha Carrillo estaba en esa lista, viene a mi primer curso, nos hacemos amigos y un día desayunando en Polanco con ella, se encuentra y me presenta a su amiga Martha Debayle.

2012: empiezo como especialista del programa de radio de Martha Debayle, el negocio se vuelve un éxito. 2012: la base de datos de Gabe me lleva a ser conocido en muchos países.

2012-2016: "eL efecto Leopi"© me lleva a conocer a cientos de personas, mujeres, clientes, amigos, contactos importantes, etc., en todo el planeta.

CDKIDS

1990: Pablo García (mi amigo de la preparatoria del ejemplo pasado me convence de que estudiemos composición musical en el Centro de Investigación y Estudios de la Música).

1993: en la escuela de música conozco a Jaime Vargas y nos hacemos amigos.

1997: Jaime me presenta a Jesus Fares (Chucho), para que hagamos un "bisne".

2003: Nace CdKids.

2003-2009: CdKids triunfa en 14 países con 140 franquicias funcionando y más de 500 000 discos vendidos.

2010: con la crisis económica mundial CdKids queda en coma, igual que mi cartera.

2016: CdKids renace en versión página digital: www.cdkids.mx

LOS LEFTOVERS

1990: Pablo García (mi amigo de la preparatoria de los ejemplos pasados) me convence de que estudiemos composición musical en el Centro de Investigación de Estudios de la Música.

1991: German García (me recomienda para rentarle equipo de audio a…).

1998: Gabriel Guerrero (trabajo con el por años y en un curso de él conozco a….).

2006: Pamela Jean que un año después entraría como vocalista a mi banda de rock.

1997: En un concierto conozco a Olivia Luna (locutora de radio).

1998 En un bar (el Bulldog) me encuentro a Olivia y me presenta a Luigi.

2004: Luigi me recomienda para una banda con una amiga de él: Nina Olimón. Luigi y yo nos hacemos amigos.

2007: Se acaba mi relación con la vocalista de Tiempo Real, Luigi nota mi depresión y me invita a ir a beber / tocar con su banda… Los Leftovers. Por cierto, esa exnovia vocalista de Tiempo Real, adivinen ¿de quién era prima? Sí, de Pablo García (mi amigo de la … bueno ya saben).

2007: Invito a Pam a formar parte de Los Leftovers.

2008: Sony Music firma a Los Leftovers. ¿Quién lo hizo?, Guillermo Gutierrez-Leyva. ¿Dónde lo conocí? En la Escuela Secundaria y Preparatoria de la Ciudad de México, dónde conocí a Pablo García.

2009: grabamos un disco producido por Armando y Emilio Ávila. :)

2010: Los Leftovers salen de Sony porque corren a Memo. :(

2011-2013: el Oscurantismo de Los Leftovers

2014: grabamos un disco nuevo en mi casa.

2015: le enseñamos ese disco a los Ávila.

2016: ¡We are back baby!

¿Qué aprendimos de este ejercicio?

- ✓ Al señor Pablo García y al señor Gabriel Guerrero les debo MUCHO.
- ✓ ¡Qué importante es a quién conoces en la vida!

- ✓ Es básico estar preparado para muchas cosas y poner atención a las "señales", nunca sabes cuándo una oportunidad va a tocar la puerta.
- ✓ Nunca sabes quién pueda afectar tu vida de una manera gigante. Atesora a tus amistades y ¡haz más!
- ✓ Es un requisito indispensable a partir de ayer ser IMPACTANTE con cuanta persona se cruce en tu camino.
- ✓ Hoy yo soy quién soy y hago lo que hago indirectamente por una serie de personas que he conocido a lo largo de mi vida.

Haz el ejercicio tú. ¿Cómo llegaste a la relación que tienes? ¿Cómo llegaste al trabajo que tienes? ¿Cómo conociste a tus amigos? y, haz el caminito como te acabo de enseñar. Te vas a ir de espaldas y vas a empezar las relaciones humanas de una forma muy diferente. Enjoy. ¿Sabes por qué estás leyendo este libro? Por culpa de Pablo García.

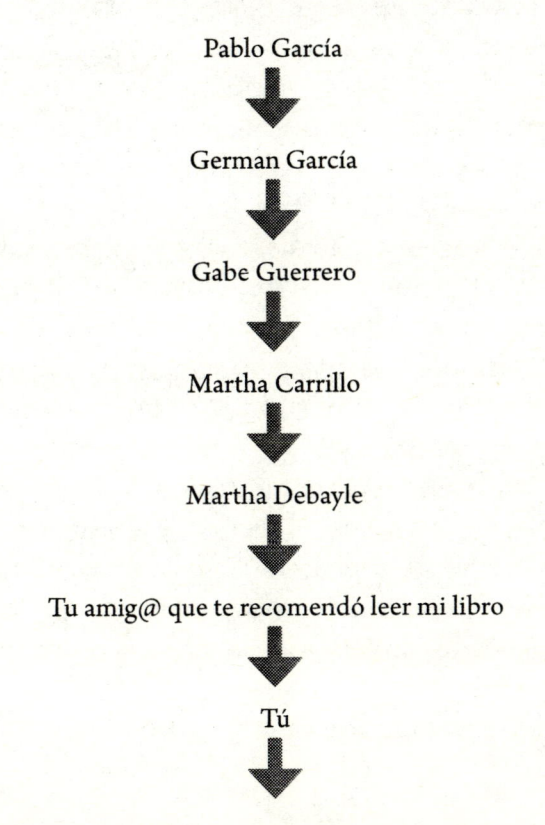

Pablo García
⬇
German García
⬇
Gabe Guerrero
⬇
Martha Carrillo
⬇
Martha Debayle
⬇
Tu amig@ que te recomendó leer mi libro
⬇
Tú
⬇

Mi deseo para ti es el siguiente:

Quiero que encuentres al amor de tu vida, que te ame igual que tú y que duren juntos hasta viejitos. Quiero que encuentres tu pasión y la persigas hasta donde te pueda llevar, explórala, compártela, vívela en cada poro de tu ser. Quiero que trabajes en algo que te encante y que ese trabajo te deje una tonelada de dinero, que aunque digan que no compra la felicidad, ¡cómo ayuda!, que sonrías cuando vayas en camino a ese trabajo y que no te quieras ir cuando termines de hacerlo cada día. Quiero que tengas muchos y muy buenos amigos, que convivan seguido y que te duren, que sean de esos que si los llamas para decirles "maté a alguien" te contesten: "¿y dónde lo enterramos?" (es metáfora). Que sean saludables tú y tu familia, y que siempre tengas buena comunicación con la gente a tu alrededor; así, toda tu vida será más simple y más fácil. Quiero que empieces y termines grandes proyectos, lo que se te ocurra, no importa, pero que puedas voltear a verlos en unos años y decir: "yo hice eso". Quiero que tengas la libertad de hacer las cosas que te muevan a ti, que sean congruentes para ti y que te hagan feliz a ti. Me encantaría que puedas tener todas las cosas que deseas, y que te sobre tanta plata que puedas darle a alguien más las cosas que desea, sobre todo a los que les urge y a los que tienen menos. Quiero que viajes, comas, bailes, cantes, vivas todos los días que te quedan como si fueran el último, es más, haz de cuenta que cada día de verdad puede ser el último. Quiero que sueltes, perdones y dejes de cargar con el pasado y las cosas malas que te hayan pasado alguna vez, ¿sabes qué es lo mejor del pasado? Que ya pasó. Por favor, no pierdas tiempo, es lo más preciado que tenemos, y todas esas cosas que quieres hacer son para ayer. Quiero que tengas la libertad de querer algo y poder lograr que ese algo exista, que ya nada dependa de la suerte o de agentes externos, que te propongas algo y lo lleves acabo, sin problemas. Quiero que todo lo anterior te traiga a ti y a los tuyos una vida de felicidad, alegría, orgullo, pasión, sexo, amor, abundancia, viajes, logros, y todo lo que tú quieras.

Y... ¿sabes qué? Sólo te pido una cosa a cambio...

Haz que suceda.

Leopi

Esta edición se terminó de imprimir en **septiembre** *de* **2017.** *Publicada por*
ALFAOMEGA GRUPO EDITOR, S.A. de C.V.
Dr. Isidoro Olvera (Eje 2 sur) No. 74, Col. Doctores, C.P. 06720,
Del. Cuauhtémoc, Ciudad México
La impresión y encuadernación se realizó en
CARGRAPHICS, S.A. de C.V. *Calle Aztecas No.27*
Col. Santa Cruz Acatlán, Naucalpan, Estado de México, C.P. 53150. México.